Adlerian Books

The Pattern of Life

アドラーのケース・セミナー

― ライフ・パターンの心理学 ―

A・アドラー 著
A. Adler

W・B・ウルフ 編
W. Beran Wolfe

岩井 俊憲 訳
Toshinori Iwai

一光社

訳者はしがき

まず、本書の成り立ちからお伝えします。

『アドラーのケース・セミナー——ライフ・パターンの心理学——（原題 "The Pattern of Life"）』は、一九三〇年、ニューヨークのコスモポリタン・ブック社から発刊されました。

アルフレッド・アドラー（一八七〇～一九三七）が一人の大人と十一人の子どものケースに解説を加え、面接を行った、いわゆるライブの症例研究の書です。編集者は、『どうすれば幸福になれるか上・下』（一光社）の著書で有名なウォルター・ベラン・ウルフ（一九〇〇～一九三五）。ウルフの序文にもあるとおり、ニューヨークのニュー・スクール・オブ・ソーシャル・リサーチを会場として、一九二九年のアドラーのアメリカでの講義期間中に行われたものです。

訳者解説にも記したことですが、オーストリア生まれ・育ちのアドラーは、一九二六年以降さかんにアメリカに講演旅行に招かれ、アメリカの地で大いに受け入れられていました。一九三〇年前後は、アメリカの地でまさに「アドラー花盛り」の時期で、一九三〇年で六十歳のアドラー自身も最も脂の乗り切った頃だったでしょう。アドラーの症例解釈の手際良さは、当時のアメリカの医師・心理療法家・教師・親達を魅了したに違いありません。

次に、訳者として何を意図して本書を翻訳・出版しようとしたかを明らかにします。

第一の理由は、欧米では「フロイト・アドラー・ユング」と、アドラーが心理学の巨匠としてフロイト・ユングと並び称されているにもかかわらず、日本の心理学の現状では、その実力の割に、まだまだアドラーが知られていません。「アドレリンブックス」としてシリーズ刊行している一光社を中心にアドラーの本が翻訳・出版されているにもかかわらず、彼自身の本が読まれることがきわめて少ないことに起因します。難解なため、散漫なため比較的読みにくいせいかもしれませんが、せめてアドラー自身の本数冊に加え、アドラーのケース・セミナーの本書にも目を通し、もっとしっかりとアドラーの心理学を知っていただきたいことにあります。

第二の理由は、ケースを扱う際のアドラーの天才的なひらめきと、それに基づく巧みなアプローチを多くの読者に知ってほしいからです。

フロイトの知識を高級な建築士に喩えるとすると、アドラーの知恵は、まるで磨き抜かれた技能を持った宮大工のようなものだ、と私が言ったとしても、アドラーの心理学をしっかりと学んだ人ならば、誰も異論を挟まないと思います。彼自身が、周囲が「人間知」と称する彼の洞察力は、臨床の現場で精錬され、それのみならず哲学的な素養にも恵まれ、アドラー派のみならず、他派にも影響を与え、臨床現場を大切にするさまざまな理論家・実践家から高い評価を受けています。

訳者の私は、訳を進める上で何度も「アドラー先生、さすが！」と、展開の見事さに拍手を送りたい場面が数知れずありました。おそらく読者もきっと何度か私同様の感激を覚えることと予告しておきます。

ところで、本書の理解を深めるために、いくつかのポイントに触れておきたいと思います。この点をご留意の上読んでいただければ幸いです。

① タイトルを『アドラーのケース・セミナー―ライフ・パターンの心理学―』としましたが、本来ならば副題の「ライフ・パターン」の代わりに「ライフ・スタイル（life style、style of life）」を使うのがふさわしいのに、あえて「ライフ・パターン」を使った理由を述べます。

この時期は、現在「共同体感覚（social interest）」と訳されている"Gemeinschaftsgefühl"（独）も、本書では、多くは"social feeling"とされています。つまり、この本が出版された当時は、アドラーの使うドイツ語が通訳・翻訳者によってまちまちで、アドラー心理学の英語での使用法がまだ確立されていなかった過度期にありました。

あえて『ライフ・スタイルの心理学』というタイトルを付けても問題はなかったのですが、アドラーの心理学にこれから触れようとする人が「ライフ・スタイル」に抱く語感は、「生活様式」であるのが圧倒的に多いため、それよりはまだ「ライフ・パターン」のほうが一般用語と差別化できそうなので、あえて副題を『ライフ・パターンの心理学』としました。

② アドラーが症例を解釈する際に目立った語法があります。may, would, could, might 等の仮定的表現と、probably, possibly, perhaps 等の推量を示す副詞を多用している点を指摘しておきたいと思います。アドラーは、断定的表現を使うことに慎重であった人で、クライエント（患者）を推量する名人であっても、その推量は治療者側の仮説に過ぎず、クライエント（患者）の理解を得

て初めて有効であると信じていました。クライエント（患者）の否定的な側面を断定（独断）的に解釈するとしたら、それは勇気をくじくことにつながることだ、と恐れていたからです。

③「勇気をくじく」と上に書きましたが、勇気をくじくことの反対の「勇気づけ」は、今日アドラー心理学の代名詞のように言われています。しかし、この本のなかでアドラー自身が「勇気づけ（encouragement）」を使ったのは、驚くことにたった一箇所でした（「勇気づける（encourage）」は数ヵ所あります）。だからと言って、アドラーのクライエント（患者）に向かう姿勢が勇気づけと無縁であったかというと、そうではなく、彼の全プロセスが、ケース提供者やクライエント（患者）に対して勇気づけそのものであることを、この本を読んでいただければご理解いただけるに違いありません。

④特に子どもを面接する際のアドラーの話し方に触れておきましょう。

読者によっては、アドラーから子どもへの質問が、イエス、ノーの答えを導く、いわゆる「閉じた（閉ざされた）質問」が多いことにお気づきになると思います。人によっては、「アドラーは子どもに説教している。訓示を垂れている」と受け止めかねませんが、ケース解釈から面接に至るプロセスをしっかり読み取っていただけるならば、説教や訓示とは程遠いことに気づかれるでしょう。

この根拠は、次の点にあります。(1)「閉じた（閉ざされた）質問」をすることで、子どもから返事がなくとも、言語的なやり取り以上の認識反射（問いかけに対する子どもの思いがけない、身体的・感情的な反応）を観察できること、(2)アドラーは、カウンセリング（心理療法）を治療よりもむしろ教育だと考えていたこと、です。事実、後日編集者のウルフやケース紹介者から子どもの進歩・成長ぶりが報告されていることからも裏付けられています。

最後に、本書は、編集者のウルフによる序文・「アドラーと神経症的世界」と「アドラーのケース・セミナー」（第一章〜第十二章）から成り立っています。ウルフの序文を訳さないことも考えたのですが、アドラーの心理学のエッセンスを短時間で知ることができることと、第二部のケース・セミナーに彩りを加えていること、の二つの理由から一九三〇年の出版時のまま、一切漏らすことなく訳出しました。

アルフレッド・アドラーの著書で最もケースに満ち、アドラーのケースの進め方をライブ感覚でありありと伝える本書がアドラーの理解をより促進する材料になることを願ってやみません。

二〇〇四年六月

岩井　俊憲

目次

序　文

アドラーと神経症的世界

人間性を理解する技法とは、人間の行為の力動的なパターンを理解する技法です。アルフレッド・アドラーは、彼の現代心理学への注目すべき貢献の中で、この理解への鍵を私達に与えてくれましたが、ケース記録の巻を編集する以前には、個人心理学（訳注1）の方法を学ぼうとする人達は、アドラーと彼の弟子達のドイツ語で書かれた出版物の中から彼のケース資料を調べなければなりませんでした。これらの出版された事例の多くは、大陸の環境に適してはいますが、アメリカの読者には難解な状況を扱っています。しかしながら、個人心理学の原理と実践は、アメリカのケースが純粋に証明するように、広く一般に効果的な応用ができるのです。ウィーンの心理学者兼教育者であるアドラーは、ニュー・スクール・オブ・ソーシャル・リサーチで彼の一九二九年の講義期間中に、あらかじめ選んだり制限したりすることなくクリニックに持ち込まれたケースを分析し治療する場面で、すべての人間の行為が本質的に統一が取れていることを十二分に示すことに成功を収めました。それらは、どんなアメリカの大都市の学校や児童相談クリニックでも見られるケースの典型例なのです。ある事例はニューヨークの医師から、またある事例は心理学者から持ち込まれましたが、最も多かったのは、自分の教え子である問題児に手を焼くニューヨークの教師達からのものでした。

全ケースとも、アドラー先生（訳注2）がウィーンに設立した児童相談クリニック向けにもとともと書かれた、問題児達の研究概要に徹底的に基づいてだいたい展開されました。簡潔を期すためにテキストに見出しを付けていませんが、研究用にケース記録を準備したい方々には、誰にでもわかりやすい配置になっていると思われます。表現方法は次のようなものです。

問題児を調査した医者や教師が実施計画に沿って記録を用意します。アドラー先生は、その子どもに会ったり、ケースについて教師とあらかじめ討論したりせずに、そのケースの経過を推論しながら一文一文、ケース記録に目を通しました。アドラー先生は、実施計画に述べられていることに判断を誤ることも時としてありましたが、きわめて多くの事例で、その子どものパーソナリティの全体像をダイナミックに描いて見せたのです。時には、子どもの心がどう辿るかを並はずれた洞察力で予言し、通常は、議論を重ねながら人間ドラマを演ずる者への優しい慈愛の気持ちで記録を解明しました。

手がかりをあらゆる面から考える精神医学の探偵のような手腕でその記録を分析した後、その子どもの状況についての短い討論が続き、そして心理療法や指導のねらいの概略を示します。その次に子どもの親を講義室に呼び入れ、クラスの前で質問と指導を行います。最後に子ども本人が呼ばれ、平易な優しい言葉で状況が話し合われます。分析によって指示されたフォローアップの作業は、今度はケース記録を提供した教師や医師に任されます。時々、講義の進行中に解決への動きが報告され、子ども達の反応が討論されます。

必ずしもすべてのケースが最終的に再調整に成功するわけではなく、神経症が未解決の親の無知と協力の欠如によって時として失敗が起き、彼等の子ども達の態度を変えようとする医師や教師の努力を空しくしてしまいます。

改善を遅らせる他の原因としては、ひどい経済状況、流行する病気、そして、神経症を引き起こした元々の状態に引き戻してしまいがちな困難があります。一時的な改善を見せるケースもありますが、新しい状況下で何らかの新たな兆候を示すものもあり、そうなると、親が子どもの行動の力学をもっと完全に洞察できるようになるまで、あるいは、その子どもが神経症の手口のレパートリーを使い果たすまで、継続的な心理療法を必要としました。集中的な治療と再教育によって完全な改善を示した私達のケースの一つでは、その子どもが古い型の教師による克服しがたい問題に直面したときに再発してしまったものがあります。それらの教師の勇気くじきと非難に出合うことで、数ヶ月にわたる苦労の成果が数日で壊れてしまったのです。それでも、ケースのほとんどは一定の改善を示し、かなりの数がパターンの完全な変容を遂げました。

この本の読者は、この本が心理療法の専門の概論書ではなく、子どもの神経症を包括的に述べたものであり、ケース記録を読み取る技法の鍵を握る本であることにお気づきになることでしょう。この本の主な価値は、子ども達や大人達と関わりを持つすべての人々に人間の行為の力動的なパターンを熟知させるところにあります。治療の技術をこの程度の分量の本では教えきれないのは、エッチング・アートを、銅板画を準備して印刷する技術で構成されているいろいろな物理的・化学的工程についての論文からでは教わることができないのと同様です。人間をレッテルを貼られた動かない機械ではなく、行動し、生活し、込み入った世界の中で意義と安定を求めて目的を遂げようとする存在であるとみなすことで、ページをめくる学び手であるみなさんを勇気づけることに成功したなら、この本はその目的を果たしたことになるでしょう。

個人心理学におけるいくつかの基本的な仮説

個人心理学の原理と実践が徹底して扱ってきたことは、アルフレッド・アドラー先生が現代心理学に対して科学的な考察を加えた貢献に負うものです。『アドラーのケース・セミナー――ライフ・パターンの心理学――』をアドラー研究の初めての入門書として手にした読者が、この本のケースは関連性がなく理解できないと思わないように、既に個人心理学の理論を習得した読者を疲労させるのを覚悟の上で、短くて、そのため不完全になりがちですが、個人心理学の原理の概説を加えることが特に賢明であると思われます。

第一に、個人心理学の基礎を成している人格の統一体という概念は、新しくもなく、アルフレッド・アドラーの心理学に特有のものでもありません。ギリシャの劇作家達は、キリストの生誕よりずっと以前からこの統一体を不可欠な要素と見ていました。童謡のハンプティ・ダンプティを書いた無名の作家は、王様のすべての馬と家来は誰も割れた卵を再び集めることなどできないとはっきり歌って、生きている有機体のこの破壊不可能な統一体についてのケースをあげました。この統一体がなかったら、どんな心理学者もアドラーがケースの実施計画を読んでから子どもの行為を予測できたようには人間の行動を予測することはできないでしょう。一つの体に一つ以上の魂の存在を想定することは哲学的に見ても不可能です。それは、人間の行為が単一の動機づけや活性化のもとになる動因や本能の単なる結果であると信じることが不可能であるのと全く同様です。なぜなら、誰もそのような動因や本能といった相対的な潜在力を予言することはできないのですから。もし、人間一人ひとりの存在が、極めて軽いエネルギーの無秩序の相互作用による偶然の結果でしかないのならば、体系的な心理学など、化学元素がその原子価を日に日に変化させてしまうような化学と同じぐらい考えられないことです。偉大な詩人も、賢い老婦人も、小説家も、成功を収めた将軍も、そしてビジネスマンも、この人間有機体の統一体が人間理解に欠かせないということを知っています。

アドラーの心理学の第二番目の大原則は、一つの有機体は、一定の目標に向かって一定のライフ・パターンを使って行動する力動的な全体である、というものです。レミ・ド・グルモン（訳注

3）が『愛の理学』（訳注4）という著書で書いているように、「人生の目標は、人生を維持することである」のです。この目標こそが、問題の生き死にを左右するのです。砂の山は目標を持ちません。もしあなたがシャベルで二、三杯の砂を砂の山から取り去ったとしても、その本質は変化しません。砂の山はそのまま残っています。しかし、生きている有機体は、単細胞のアメーバであれ、ハチドリであれ、あるいはキリンであれ、人生の目標を持っており、その全体の組織や生き方は、その目標を達するようにできています。組織のない不活性細胞の寄せ集めに変化させない限り、生きている有機体の本質的な一部分を取り去ることはできないのです。

それぞれの生きた有機体は、その生命と目標を維持するために、一定のライフ・パターンと、環境と闘う明確で独特の技法とを持っています。そのパターンの複雑さは、有機体の変異や適応の能力に応じて変化しますので、だからこそ人間の行動パターンは、落葉樹のように比較的動きのない固定された有機体のパターンよりずっと複雑です。私達が純粋に生物学的な意味でいう魂または心とは、資源に対する適応・認知・流通の機能であり、生きる上での攻撃・防衛戦略による生命の維持です。

人間の人生の目標とは何なのでしょうか？　私達は、ここで人間存在について形而上学的に述べるつもりはありません。客観的に冷静にみて、人間という有機体は皆、安全性と全体性の尺度を求めて努力していて、それが生存し続けることを楽にする、と私達はみなしています。人類の目標は、人類を維持することなのです。

生存するすべての種は自己保存の独特の技法—カメは甲羅、カメレオンは順応性、野ウサギは素速さ、虎はどう猛さと強さ—を持っているように、人類も独特の自己保存の方法を持っています。この技法を私達は共同生活、社会、文明と呼びます。数千年間に及んで、生きるには、これこそ最良の方法であると証明されています。考古学の調査が明らかにした限りにおいては、人間はつねにグループで生活してきました。近年発見された最古の原始人である北京原人も、私達の祖先が一千万年前からすでに共同体の中で生活していたことを示しています。

首の短いキリンなど思いつくことができないのと同じように、孤立した人間というものを想像することなどできないことから、すべての心理学、すべての人間行動の科学は、社会の心理学であることは明白です。個人の運命は、その人のグループの運命と密接に絡み合っています。このことは、アドラーの個人心理学の基本原理です。一人の人間を理解するためには、彼の交わるグループの中での相関的な位置づけを理解しなければなりません。行動主義心理学者が試みたように彼を演習室の中で一人にし、じっと見て観察することなどできません。なぜなら、彼は孤立した瞬間にもはや人間として行動することができず、檻に入れられた動物のようになってしまうからです。厳密に言えば、彼はもはや人間とは言えないのです。したがって、そのことが理解されるならば、人間の行動はすべて社会的関連性の中で把握されなければならないということになります。松の木が万年雪の残る境界線では、日の当たる谷間とは違う育ち方をするように、人間も、社会環境が変われば違った行動をすることでしょう。

人類の社会的な生き方は、その弱さの結果です。共同で生存していくことはおそらく、私達の祖先が己を守るために発見できた最も手っ取り早く効果的な方法だったのです。人類のパターンは、個人の弱さに始まり、社会的な結束によって得られる相対的な安全性を目的にするようになったパターンでした。人類の強さは、すべてこのパターンに当てはまっており、その逆に、弱さはすべて孤立の危険性に由来しています。構造的な成長においても、私達は、単細胞から相互依存的な組織や器官を持つ統一体へと、すべての生体の進化を繰り返していきますが、それと同様に個人が心理的に成長するには、人類の心理的な組織化を繰り返すことなのです。

人間はみな、相対的に頼りない、無力な、依存した寄生体（パラサイト）としてその人生を始めます。家族として最初の共同体である親の助けを借りなかったら、人間の乳児はほんの数時間でみじめにも非業の死を遂げるでしょう。親の養育の影響下で、それぞれの子どもは力と能力を培っていくのです。実質上子どもは、成長するまでの期間中、彼を養育している社会のパラサイトなのです。

正常な個人は、成熟と共に自分の属する社会集団に貢献するメンバーとしての生き方を始めるだけの十分な力を発達させてきています。人と人を結びつける複合的な絆を確認したとき、成熟した正常な個人は、生きるに値する人生をつくり上げるある程度の平和、安全、一体感、そして正当性を手に入れるのです。一人の人が仲間に架けるこれらの橋が多ければ多いほど、その人は安全です。言語能力、常識、思慮分別、論理性、アイデア、同情、愛、科学、芸術、宗教、政治、責任感、自己信頼感、誠実さ、有用性、遊び、自然への愛などの類は、中でも最も重要な橋です。共同的な生き方のこれらのテクニックなしには、人生は人間としてのほんの一部の成功とほんの一部の安全しかないものとなるでしょう。

この正常な発達のパターンを必ずしも遂げるとは限らないのは、私達にとって不運なことです。その失敗の理由は、人間の幼児の重要な生物学的特徴に由来します。他の種の子どもも、無力で親に依存する期間を過ごしますが、身体的な力が備わるにつれ、精神的な能力の発達も並行して遂げます。ネズミを認識できるようになった子ネコは、そっと近づき、捕まえ、食べることができます。けれども人間の乳児の場合、認知能力と運動能力の間には、極めて明白な不釣り合いがあります。赤ちゃんは、食べるのも暖をとるのも身を守るのも、母親に依存しているのだという事実を認識することができます。赤ちゃんは、自分の力では及ばないたくさんの必要な活動が母親にはできるのだと知っています。父親は、巨大な、絶対的な力を持つ大男のように見えます。赤ちゃんの周りの世界は、免れられない法則に従って動いています。赤ちゃんの宇宙を通して見ると、暗闇と光、食べ物と空腹、会話、運動は、着実に、そして心得顔に動く、見知らぬ大人達の召使のようなものです。しかし、小さな子どもは、相対的な弱みに気づきます。人間の赤ちゃんは、心の発達の方が体の発達より早いために自分の不完全さを経験して生きる唯一の動物です。個人心理学の土台をなす劣等感（訳注5）が生まれるのは、そのような状況からなのです。

劣等感は、ハンディキャップであるどころか、それが人類を発達させるのに最も力のある発奮剤であること証明しています。望遠鏡や顕微鏡は、もし人間の眼がワシと同じぐらいの視力を持っていたら、決して発明されなかったでしょう。蓄音機もラジオも電話も、人間同士のよりよいコミュニケーションの必要性がなかったら、決して存在し得なかったでしょう。香水商の芸術も、シェフの妙技も、「下等」動物ならずっとよく発達している原始感覚的認知が鈍感になっていることへの補償です。まさしく私達の文明社会の構造は、新聞から超高層ビルまで、また航空機から交響楽団まで、そしてスチーム・シャベルからシルクのストッキングまで、人間の弱さを補償する原始的な欲求の産物なのです。

したがって、全人類が継承する劣等感は、宇宙に例えれば、物的・生物的な星座の位置を占めるに過ぎないので、わざわざ個人の負債とする必要はありません。人の歴史は、その劣等感克服の記録で満ち満ちています。天才とはおそらく、社会的貢献という見地から個人の欠点を補償しようとする衝動を表したにすぎません。天才の所業はすべて、この社会的有用性の特徴を持っています。私達は天才というものを語るとき、バール、車輪、斧、音楽のリード、機織り、書法という類の発明をした、世に知られない人達を忘れ、単にそれらの素材を何か目新しい形に結合させただけの今風の天才を思い出してしまいがちです。天才の本当の歴史は、穴居人が生存をかけた奮闘した歴史なのです。

どんな人でも自分の欠点を社会に役立つ貢献へと練り上げる能力がありますが、私達の社会をひとあたり調査したところでは、ほんの一握りの人類しかそのような補償をもたらす勇気を持ち合わせていなかったことが判明しています。神経症者は、天才よりはるかに数が多いのです。私達が建設的な補償に失敗することをどう説明することができるのでしょうか？

人類にとって不幸なことですが、社会への順応や建設的な労働においてさまざまな要因が劣等感の最適な補償に対して作用します。

第一の要因は、身体的な欠陥の要因で、劣等感が嵩じてやがては劣等コンプレックス（訳注6）にまで結晶化させてしまいます。もし人間の幼児が、普通の弱さに加えて欠陥を持つ器官の形成上特別な弱さを体験するならば、彼の意味を求める努力は、より困難にさらされます。この劣等性は、身体のある器官や器官系の実質的な劣等性でしょう。しかしながら、たとえば異常な肥満や痩せ、色素欠乏症、あざ、赤毛、湾曲した脚、顔面の毛などは社会的には困るものですが、それは重要ではない身体的異常であり、医学的にも重要でないかもしれません。醜さはまさにその例です。また、不思議に思われるかもしれませんが、例外的な美しさもゆくゆくは劣等コンプレックスに至るかもしれません。なぜなら、美しい子どもは、社会がその子どもに望む貢献がその美しさだけでしかないと信じるからです。

第二の要因のグループは、劣等感を強化して個人の社会的、宗教的、経済的な状況に対処します。どんなに少数グループのメンバーも、そのグループが社会的であろうと宗教的であろうと経済的であろうと、世の中で困難がさらに加わり、汚さや悪や犯罪に触れることで強調されて、さらに劣等感に苦しみます。しかしながら大富豪もまた悲惨な結末を迎えるかもしれません。というのは、子どもは、裕福な雰囲気の中で育つと適度に働こうとする意欲がかなり欠如するからです。

子どもの劣等感を強化する第三の要因は、家族布置（訳注7）に由来するものです。このグループは、どの子どももその影響から逃れることはできない、という点で重要です。

単独子は、家族の中の異常な地位と、社会適応へのトレーニングが未熟であることから劣等コンプレックスをかき立てられます。彼の生き方は、あまりにもひんぱんに幼かった日の失われた楽園を探し求めます。

単独子だったのに年下のライバルに取って代わられた第一子は、権力の失墜にたいへん勇気をくじかれ、生きる課題に客観的に挑戦するための十分な勇気を奮い起こすことができないかもしれません。

第二子は、上の子どもと同じ家で育ち、同じミルクを飲み、同じ部屋で眠りますが、それにもかかわらず全く違った環境の中にいます。彼には常に目の前にペースメーカーがいて、上の子どもに追いつこうと積極的に努力し、目標を追い越し、どうしようもない反逆者になるかもしれません。

末子は、自分よりも上手くやっている上の子ども達と競うのが怖くて萎縮するかもしれません。

女ばかりの家族で唯一人の男の子、または男ばかりの家族のたった一人の女の子は、その独特のポジションのために勇気をくじかれるかもしれません。

家族の中でどんなポジションにいても、危険がないということはありませんが、きょうだいのどんな地位にいても、子どもを強いて神経症にさせることはできないということが、家族布置の点で子どもの誕生順位の重要性を最初に指摘した個人心理学の最も重要な教えの一つです。

性それ自体は、子どもの重荷を複雑にする要因となるかもしれません。私達は、男性を理想とする考えに支配された文化、男性の価値と活動を過大評価する文化の中で生きていますし、また、正反対の立派な科学的証拠があるにもかかわらず、いまだに女性が劣っていると考えています。先入観による全く誤った考えは、顕微鏡や機械によってくつがえされてきましたが、それでもなお広汎な伝統の中でその考えは存在し続けています。ですから、すべての女の子は、重荷をさらに課せられていて、その両肩に背負わされているものを立証しなければならないのです。その子が「女の子でしかない」という事実は、選択の方向性でしばしば正常な発達を妨げてしまいます。

しかしながら、男性に有利な先入観は、彼等にとってもダメージがないわけではありません。多数の男の子が、ささいな身体的な欠陥やその他の落胆させられるような要因によって脅かされ、挙句の果てに、自分は「百パーセント男らしい男」になる能力はないのだと思い、残りの人生を性への関わり合いや責任を避けながら生きていくのです。夫婦間の不調和、離婚、同性愛、子どもの性的非行の増加は、性別の違いを強調しすぎたことによる重要な側面であり、現代生活の性を示す威信をかけた、とどまるところのない闘争なのです。

前の方の項でも示したように、人間の発達の正常なコースは、二つの時期に分かれるかもしれません。すなわち、周囲の犠牲のもとに個人が成長することに伴う、初期の個性化の段階と、社会貢献の見地から個性化を継続することによって示される、共同体への順応という第二の段階です。子どもは、大人の環境とある種の和解をしなければ、また人間の仲間に加わる手ほどきを経なければ、第二の段階へと自然に成長することはありません。この手ほどきは、たいていその子どもの母親の仲介によって成し遂げられます。

子どもの母親は、その子が社会的な触れ合いをする最初の人です。母親の愛は、初めての社会的な承認です。子どもは、誰か一人他の人間に評価されたと認識するとすぐに、社会適応のプロセスを踏み始めます。母親—それは血のつながった母親である必要はないのですが—の中に、彼は周りで初めて全面的に信頼できる人を体験し、この始まりがあってこそ彼は、人間適応の正常な目標に向かって前進し続けることができるのです。

母親が二つの機能を果たしていることは明白です。最初の段階は、子どもを世の中の状況に調和させること、次の段階では、子どもが自分自身を成長させる力と他人とうまくやっていく力とを発達させるために勇気づけ（訳注8）をすることにあります。このデリケートな役割が完璧に果たされることはめったにありません。そして、子どもの母親の間違いのなかで、様々な無限の人間のパターンが生じることがあります。そこにはいくつかの典型的な間違いがあり、そのすべてが「問題のある」大人であると簡単に見分けがつくタイプを生み出します。

子ども達はもはや昔のようにひどく残酷に扱われることはなくなったものの、それでもなお、こどもを無視したり実際に憎んだりする利己的な世代の母親もたくさんいます。私生児だったり、醜かったり、望まれずに生まれた子ども達は、保護者が彼等の生きる世の中に興味を持たせたり調和させることをしなかったために、しばしば反社会的な性格特性を発達させてしまいます。醜さや病気につながる貧困に加えて、怠慢や憎しみなどが最も広範囲にはびこる貧しい地域からたくさんの犯罪者が生み出されるのは、不思議なことではありません。子ども達は、貧民街で勇気と自立を学ぶのですが、彼等の勇気は社会に反抗するという、いつも間違った勇気なのです。

母親の愛の温かさを知らず、共同体感覚（訳注9）や社会的重要性の感覚を発達させる機会もなく成長することを社会が許している限り、このような子ども達は、自分の犯罪行為について完全に責任を持ち続けることはほとんどありません。これらの子ども達は、まるで自分達が敵国で憎まれるスパイであるとか、私達の中の不審な若い異国人であるかのように感じているのです。一部の人には機会を与え、その他の人には拒むという現行の社会構造は、彼らにはどん欲な竜に思え、そんな風に扱う連中には、当然武器を手にしてもよい、と彼らには思えるのです。

もっとよくあるタイプは、人生の最初の年からずっと、育ててはいても精神的には危険きわまる母性愛の熱帯の温かさに浸っている、甘やかされ、ダメにされ、心配のあまり過保護にされてきた子どもです。母親は、調和させるという母親の最初の役割をやらな過ぎるということはなく、むしろやり過ぎます。彼女達は、自分が子どもにとってなくてはならない存在であるとしきりに証明するので、子どもは決して自分の力で考えたり行動したりする能力を発達させることがありません。人間社会に対するそのような暖かな手ほどきは、もしも子どもが、妖精のような王子様かお姫様のように永遠に生きていければ、とても理想的でしょう。不幸なことに、そのようなケースはありません。私達の文明は、最大の貢献と、最大の適応を要求します。文明が彼らを個人として保証する機会があるのと引き替えに、社会的に有益な仕事という配当を払わない者には、その報酬がほとんどなく、罰がすぐにやってきます。

甘やかされた子どもは、人の世界に対していくつかの点で憎まれた子どもとほとんど同様の態度を取ります。彼もまた、異国人という敵で、トランペットのファンファーレによって迎えられ、美しい言葉を述べられ、花束を贈呈され、世界の街への鍵を渡されながら、いわば成長するにつれて裏切られるだけの、そして心のこもった歓迎が彼の目の前の課題には何の関係もないと気づくだけの人間なのです。甘やかしや過剰な心配や過保護は、両親が追い求める間違ったテクニックです。なぜなら、それらは個々の子どもが後の人生で向き合わなければならない共同体の課題への準備としてはお粗末だからです。子どもを憎むことも甘やかすことも、どちらも自然と彼の劣等感を増し、将来の適応を困難にします。おそらく私達の現代文明では、子どもの無力さを感情的に強調し過ぎることが、誤ったライフ・パターンに最も悪影響を及ぼしているでしょう。

ライフ・パターンはたいてい子どもが五～六歳になる時期までに固定します。つまり、一定の状況は、その子どもの劣等な状況に対して固有の、個人に特徴的な色合いを付け加えながら、個性的な人生の目標―それは、しばしば語句の公式の中に結晶されるのですが―として姿を表します。個人が後の教育や突然の境遇の変化によって洞察を得ない限り、行為のパターン―最初は劣等な状況にあり、最後には、安全、全体性、優越と思える結晶化された目標になる―は、その力動が変化しない、統一された流れとして持続します。

個人が自分の経験から学ぶことはまれにしかありません。ある人が経験から学ぶことができるのは、つまり自分のパターンを変えることができるのは、自分自身について客観的でいられる技術を前もって学んだ場合だけです。この技術を自発的に学ぶことはめったにありません。たいていは、何か外的な影響か教育によります。大多数の人々は、自分の経験を自分のパターンに当てはめようとします。彼らはとても無意識的に暮らしているので、彼らにふさわしい経験が起こります。一貫した人生目標を追求する際に、私達が子ども時代に劣等な状況に置かれていたことと、それを仮想的に補償するという特質が先にあって、私達の経験ができ上がります。自分自身のライフ・パターンを完全に理解することを学んだ者、必要なら自分の目標を変えることのできる者、そして自分自身の行為のよいところと悪いところに気づく者だけが、自分自身の運命の主人公であり、自分の魂の船長である、と言うことができるのです。個人心理学の学習が自分自身の目標とパターンを理解し、変化させ、少なくとも神経症的行為の大きな間違いに代わって、より少ない誤りとすることの助けとなるところが、個人心理学の特に優れたメリットなのです。

いったん優越の目標が結晶化してしまうと、それぞれの個人は、現実の障害が立ちはだかれないくらいに、まっしぐらにその達成へと進んで行きます。この目的に向かって、私達はめいめいに、ふさわしい道具の装備一式とふさわしい価値の尺度を選択します。私達は、これらの道具を性格特性、装備全体をパーソナリティと呼んでいます。人間のパーソナリティとは、その人生の目標を達成するために誰もが選んだ道具と装置のすべてであると考えることができます。

「パーソナリティの分裂」という学説は、他の心理学のシステムではとてもよく使われますが、ある精神的な現象を描写してはいるものの、その説明にはなっていない単なるフィクションになります。この本の最初に説明したとおり、パーソナリティは統一体であり、「パーソナリティの分裂」と思えるものは、違う状況に出合うためにわざわざ違う道具類を選択することにほかなりません。ある日マーケットで「強気」の売買をして、次の日に「弱気」の売買をした株式仲買人が、パーソナリティの分離で悩んでいる、と主張するのは愚かなことでしょう。彼の目標と彼のパターンは同じままで、それはお金を稼ぐということです。ただ道具が変わっただけのことなのです！

個人が選ぶ個性的な道具は、その人の身体的な体質や、環境や、生きている時代、出合う抵抗などによって異なってきます。したがって、私達は「やり手」の攻撃性と聖者の従順さくらい違うライフ・パターンを持っています。ムッソリーニとマハトマ・ガンジーは、たぶん同一の目標—時代と環境が関連のない手段を彼らに選ばせたのです—を追い求めたのでしょう。子ども達の場合、ライフ・パターンは、しばしば親の特別な関心によって押しつけられます。牧師の息子が罪人だったり、弁護士や警察官の息子が犯罪者だったりするすることがよくありますが、偶然ではありません。威圧的な親の人為的な権威に圧倒されたと感じて抵抗する子どもは、親の心理的な弱みを素早く見抜き、親のパターンのアキレス腱を攻撃するのです。特によく発達した才能を持つ兄がいると、弟は、同じ分野で競うことを恐れて、別の活動領域を選択することになるかもしれません。もしも一人の子どもが父親のモデルに従うとすると、二番目の子どもは、家族の威信を求めて最初の子どもと争い、母親を理想としてほぼ選択せざるを得なくなり、そして、第一子のモデルを非難することで、彼に残された唯一の道に沿って、安全性と全体性の感覚を発達させなければならないのです。

このように、個人はそれぞれ、自分のすべての経験を試すような認知体系を創り上げます。個々人が出合うすべての経験に適用するこの人為的に発達させた価値の尺度こそが認知体系です。プロクルステスと彼の悪名高いベッドの寓話（訳注10）は、この認知体系に最も近い喩えです。プロクルステスは、不運な訪問者の足が彼のベッドより短いと、ベッドの大きさに合うまで引き伸ばし、それより長過ぎると、両足を切り落としたように、個々人もまた、自分の認知の公式であるプロクルステスのベッドにすべての経験を当てはめます。私達はここに、多くの人々に対して、同じ経験をしても結末が反対になることの説明ができるのです。もう一つの似たような喩えをするなら、私達は、冷血漢になった者もいれば、戦争神経症になった者もあり、献身的で積極的な世界平和を目指して活動家になった者もいる大戦（訳注11）を経験していますが、その一方で、ライフ・パターンの特質のために、そんな経験をしても全く影響を受けなかった者もいます。

個人の精神病理の起源

個人心理学は、規範的な法則を体したものではなく、相対かつ比較の科学です。定言的命令（訳注12）もなければ、万病に効く万能薬もないし、個人救済のための簡単な処方など一つもないのです。とはいえ、私達の時代にふさわしい、相対的な規範を概説するのが望ましいでしょう。私達は、相対的な規範を用いて神経症者や犯罪者、精神病者と呼ぶ人達の行動を比較することができます。もし、健常者についてあえて概説するならば、個人の人生の目標は、幼少期のその人の弱さと経験を何か社会的に価値のある生産的な仕事によって補償しながら、完全な人となるパターンでありましょう。そのような人は、正直さ、誠実さ、責任感の資質を発達させていくでしょう。健常な人は、成長するにつれて、社会との結びつきをより強め、建設的な側面を広げ、バランスをよくし、勇気をより大きくすることでしょう。彼は、自立して行動し、判断し、奉仕するでしょうが、時代の社会的要求を何よりも優先して活動するでしょう。彼自身の意味を求める努力の過程では、虚栄心や野心を後回しにする代わりに、公共の福利に貢献するという方法に関心を向けることでしょう。彼は、異性の人々を名誉ある仕事仲間とみなし、労働のみならず生活上の特権も、彼女らと公正に分かち合うことでしょう。

こんなに簡単な概説ですが、ほとんどの人がこの規範から大きく外れていることが明らかです。人間性やヒューマニズムを人生の目標とする人はほんの一握りしかいません。多くの人が人生の目標を「私は神のようになりたい」とか、「私はすべての人の注目の的にならなければならない」「私はみんなから愛されなければならない」「幸せになるためにはすべての女性（男性）を性的に征服しなければならない」「一〇〇％の男性になりたい」「自分が得られるすべての幸福を最も少ない労力で欲しい」「私は自分の悪い仲間の陰謀から身を守らなければならない」「私はすべての責任を回避し、若き日の子どもの楽園に戻らなければならない」「私は生きている間ずっと、赤ちゃんでいたい」「私は自分の知識によって自分の環境を支配しなければならない」「私は社会が私を面倒見てくれるように、生きている間ずっと病気でなければならない」「私はすべてのリスクを避けなければならない」といったせりふで公式化することができます。人生のこれらや似たような千もの目標は、幼少期の境遇の間違った評価の結果です。ある子どもが早い時期に自分を劣っていると感じれば感じるほど、それを補償する優越の目標が高くなり、神のような存在になりたいという考えに近づいていきます。病気の子どもは、完全に健康になりたいと思い、貧乏な子どもは、金持ちになりたいと思い、近視の子どもは、世の中を視覚的に見えることを価値の高いものとし、不器用な子どもは、完全な器用さを切望し、憎まれた子どもは、人間に与えられた以上の「プラス」の愛を要求します。無能の目標は、全能であることです。個人の目標は、力と安定が成長と発達に伴うということに気づくずっと以前に設定されるので、その目標は、しばしば人間の向上心や活動をはるかに超えたところに存在することがあります。

時折、人が生きている過程で、目標に到達することができた、という主観的に感じられるようなテクニックを身につける人がいます。すると、そのテクニックが高まって、次の目標へ発展するということが起こるかもしれません。そうなると、大半の手段が目的より上になる、という現象が起こるかもしれません。このようなケースでは、人は本来の目標を見失い、残りの人生を愚かに堂々巡りして過ごし、お気に入りの道具を増やし続け、ついには自分の人間としての能力を害するほどになってしまいます。たとえば、この世に生を受けた最初の年に人生の目標が無責任で好き放題にできる赤ちゃんになることであったのに、今や母の愛の楽園を失ってしまったと感じている甘やかされた子どもは、昔のような心配と注目を注いでくれる親を自分の側に連れて来る重い病を患うのです。彼は、その経験をすることで、支配の手段としての、彼の理想に到達する道としての病気の価値がわかります。彼は病気という第二の目標を創り出し、新しい課題、決断、困難、または障害それぞれに、同一の特殊表現―つまり病気―を使って取り組むのです。

一つの手段（それはしばしば価値のない道具なのですが）を、人生の目標へと引き上げるというこのテクニックの悲劇は、個人が自分に内在し、本来なら客観的な安全をもたらしたかもしれない真の力を発達させる正常な機会を失うことです。その実際的な有効性は、危険なものです。なぜなら、そういう人は病気信仰によって手に入れた主観的な安全を間違っていると知っていながら、努力を倍加させ病気を強調するという内なる必要性にひどく苦しめられ、果ては心気症的な自己憐憫の沼に沈んでしまい、彼は世の中とのすべての接触とすべての真の価値観を失うばかりか、生きる喜びもまた失ってしまうのです。神経症の悲劇は、神経症者すべてが生きる上での責任よりも、その責任を避けることに、結局はより大きな代償を支払うということです。神経症者は、自分の無意識の計略が発覚するのではないかという絶え間のない恐れのなかに生きています。彼は生きることを怖れ、死を怖れます。彼は怖れていることを怖れて、生ける屍となるのです。

足を骨折した人は、レースを走らないことを正当化する必要はありませんが、神経症者は、自分の仲間への関心の欠如、責任感の欠如、学業の失敗、優柔不断、引き延ばし、小心さ、性的倒錯、虚栄心、野心、あるいは自己憐憫を正当化することに人生を費やさなければなりません。すべての人の中には、人間らしくあり、人間社会に貢献し協力する必要性を認める何かがあります。それを良心と呼ぶ人もあり、大霊と呼ぶ人もいます。呼び名は重要ではありませんが、神経症者が自分の失敗を正当化する絶え間ない努力によって、その存在が証明されています。神経症はすべて、人為的に（たいていは無意識に）創られた代用品で、本来は「私はやろうとしない（I will not）」と言うべきところを、「私はできない（I cannot）」と表現するものなのです。「私はやろうとしない」と言ってしまうのは、社会の批判を招くでしょう。「私はできない」と言っていれば、その神経症を正当化するばかりでなく、彼の失敗の責任をグループに転嫁し、同時に正当化と免責という主観的な感覚がその神経症者に生まれます。神経症とは、有益な行動をする代わりに苦痛に満ちたアリバイ作りをする自己欺瞞のメカニズムなのです。

大人の神経症は、子ども時代の「問題」として始まります。あらゆる「問題」児は、潜在的な神経症者です。しかし、「問題」児は、「問題のある」環境のなかでしか育つことができません。彼らは、いわばひどい環境に対して正常に反応しているのです。彼らが最も育つのは、人間性についての無知が最もひどくはびこる場所です。精神衛生上の問題すべてが教育上の問題であり、その問題にこそ、子ども達の逸脱行動の予防に彼の方法論を応用することで、アルフレッド・アドラーが果敢に取り組んだのです。これが現代社会へのアドラーの最も偉大な貢献です。ちなみに、これをキッカケに他の精神科医も、神経症は子ども時代に発症すると知ったのです。アドラーは、幼少期の逸脱行動を調査するのみならず、それらを未然に防ぐテクニックを開発しました。そのために、個人心理学は、心理療法のシステムとしての元々の範囲を超えて発展し、社会学や教育学の基礎学問としてその位置を確立したのです。

幼少期の神経症は、いつ、どこで始まるのでしょうか？　私達は、神経症を誤ったライフ・パターンの欲求不満が嵩じてできたもの、と捉えているかもしれません。言い換えれば、自分の劣等の状況を誤解してしまい、現実性・客観性・共同的な生き方の法則を破るような過剰補償の無意識のパターンを創り出してしまったある個人が、克服できない問題に現実に遭遇するとき、その人は新たなパターンを産み出します。この新しいパターンが、その人の神経症です。それは、問題解決の誤りを正当化するため、もしくは、精神的な迂回路を作るための試みを表しています。いくつかのケースでは、幻覚というシステムを創り出すことによって、まさにその障害の存在を否定するというパターンを産み出します。さらに、神経症は、問題や障害が存在しなかった以前の状況を回復しようという試みで表現することもあれば、当面の環境下でその個人が失敗に対する責任を負わなければならない人達への報復の形をとることもあります。

幼少期の神経症のいくつかの例を示せば、神経症の力動を理解する助けとなるでしょう。

人生の最初の六年間をずっと甘やかされ、大事に守られて育ったある一人っ子は、消化に関して問題を持っているという特徴が見られますが、幼稚園という共同体に自分を順応させるという課題に初めて直面することになります。当然ながら彼のそれまでの生活では、そのような順応性の準備はまったくないに等しかったでしょう。幼稚園は、周りを支配するという彼のパターンにとって初めての欲求不満の場なのです。以前は、彼の周りの大人達が自分を認めてくれないと、彼はハンガーストライキで反撃し、両親をすぐに屈服させたのでした。ハンガーストライキは、神経症の前兆でした。なぜなら、その子は両親への反抗の声をあげ、彼等を殴って服従させるために、器官劣等性を誤用していたからです。私達は、この子が二十人の子ども達の共同体で普通のメンバーになるという、克服できないと思えるような問題に直面して、消化器の「器官隠語」（訳注13）を使って似たような抵抗をして反撃するだろうということは当然予測できます。彼は、幼稚園の階段に毎朝、嘔吐することによってこれをやってみせます。私達は、この行動について起源と目標と、目標を達成する手段を調査すれば、たちまち理解可能になります。その子は、幼稚園に順応することを不可能にすることで、以前の好ましい状況を復活させたいと望んでいるのです。

ある第一子の長男は、妹から圧迫を受けています。何しろ彼女は、とても美しく、積極的に人に取り入ろうとするので、彼は、家族の愛情を確保することでは彼女に太刀打ちできません。その少年は、状況を理解していませんが、自分は妹の存在によって王座を失い、彼女に取って代わられ、以前はもっと愛情溢れる温かさで自分を包んでくれた母親に裏切られたと受け止めています。この少年の誤った人生の目標は、徐々に次のような言葉に公式化します。「女性には気をつけなければならない。彼女らは間違っている。すべての女性は敵だとみなせ！」と。彼は、幼少期と思春期の数年間、女の子みんなを残酷にいじめたり、すべての女性性を軽蔑したり、女性教師のために活動するのを拒否したり、自分の男性性を過度に強調したりしながら、この無意識の目標を追い求めているのです。彼のプロクルステス公式は、「男＝善、女＝悪」という論理で結晶化されています。彼が思春期にさしかかる頃には、彼は、人生における女性とその役割について間違った評価のシステムを入念に構築してしまいました。

性的に成熟するとともに新しい問題が出てきます。神経症はここで、いくつかの方向性の一つをたどることになります。もし彼が、親切な男性教師の影響を受けるか、女性との関係で見出せなかった心地よい共同的な感覚を与えてくれる友人を見つけたなら、彼はたぶん私達が同性愛と呼ぶ神経症を選択することになるかもしれません。この場合彼は、彼の見当違いの考えに照らして考えると、女性を愛し、結婚し、そして真の人間の絆を形成するという問題が不可能に思えるために、すべての愛の対象を男性へと向けるでしょう。この点から、彼は女性とのすべての関係を避けたり、男同士の友情を賞賛する本や、女性の裏切りを扱った他の本を読んだりして、同性愛になるために自分自身をトレーニングし始めるのです。彼は、これらの本が自己の失敗を正当化しようとしている別の挫折した人物によって書かれたものだということに気づきません。

他方、彼は、自分の性的な成熟を女性の支配を成就するためのもう一つの手段と考えたり、すべての女性を対象にして彼の性的優越を証明することに挑戦しようとするような真のドンファンになったりするかもしれません。彼は、後述のパターンに必要な部分として、性交渉が自分のパートナーの征服に他ならないと感じ、またしても彼には、女性との関係では真の幸福があり得ないこととなるでしょう。そのような男性は、結婚という共同体にではなく、女性を追いかけることにだけ興味があるのです。

大家族で、できがよく十分に順応した子ども達のうちの末子のケースを取り上げてみましょう。この子は、自分の兄や姉と競争することを考えて怖れをなし、難しすぎると思われる現実世界の代わりに、もう一つの空想の世界を創り出し、自分自身の夢を見ます。彼は、自分の不完全さを非常に強く感じているので、他の男の子や女の子との人間的な接触を持つことを怖れています。彼は、おとぎ話の新しい世界や自分だけの言語や価値と理想についての個人的なシステムを創り上げます。彼は、他の子ども達との接触を持てないので、彼自身の中に空想的な仲間をイメージします。彼は、周りの人の言語を話すことができず、そのため独自の言語を発達させます。パーソナリティの分離という虚構がそのような子どもには必要になります。なぜならば人間はだれも、一人きりで生きることはできないからで、さらには、その子どもがもし他の子ども達と接触を持つことができなければ、何のリスクもない、すべての要求に応じてくれる、そして彼の理想の世界の絵にぴったりの、想像上の仲間を昼も夜も創り出すことでしょうから。

この子が学校の現実の問題に直面するか、もしくは、意味を求める努力をしていたのに、思春期か病気による重圧やストレスによって複雑になってしまったとわかると、一方では、孤独や否定主義や外の世界との狭い関係のパターンを発達させようとし、もう一方では、豊かな精神生活を発達させようと躍起になるのは、驚くほどのことではありません。これらの子ども達の幾人かは、徐々に自分を生活に調和させ、詩人、夢想家、劇作家、作家、場合によっては哲学者や心理学者になります。しかし、もっとありがちなのは、特にある種のはっきりしない身体の気質が不適切であることによって彼らの問題が悪化した場合、彼らは、統合失調症（訳注14）に罹って私達の州立病院を一杯にしている大集団の仲間入りをするでしょう。

執筆者達すべてが興味深い症候群の中で描写した、統合失調症の類い、パーソナリティの分裂、反逆、個人独特の言語、否定主義、性的逸脱について研究する人なら誰でも、これらすべての症状の現われに絶望という共通の特徴を見出しています。医師が統合失調症者の行動の完全な論理を理解するようになればすぐに、彼らが孤立や無責任の目標に向かって無駄な歩を進めること―それはいつも不治の病であるという虚構なのですが―は、なくなることでしょう。アドラーが示したように、統合失調症を治療する医師がその患者よりもより強く希望を持っていれば、多くの患者は治癒する可能性があります。患者の絶望感に寄り添うこと、その患者の推論が正しい「かのように」振る舞うことは、患者が治癒する状態を創り出すことに他ならず、まさに大前提なのです。

人の状況と人生の課題

たとえ大雑把なアウトラインでも、人のさまざまなライフ・パターンを描写することは不可能ですが、あらゆる人が直面しなければならない問題に関連付けてその人の位置を図解することは可能です。宇宙に対する人の関係のために、人が直面しなければならない三つの大きな問題のグループがあります。それらの問題は、社会、仕事、そして性という課題です。

第一の問題のグループは社会で、人の共同生活の生物学的な必要性に由来します。人間でありたいと願う者はすべて、ある種の共通の絆、特に会話、理性、常識、思いやりといったようなことを表明することによって、仲間達へのつながりを示さなければなりません。社会は、個人の福利のために存在します。社会は、個人の生まれ持った能力や力をフルに発達させることを保証するために考案することができた、まさに最良の手段なのです。

第二の問題は仕事で、個人がそれぞれその社会構造を支えるのには当然必要となることから発生します。個人は社会に配当を支払わなければなりません。その配当を私達は建設的な仕事と呼ぶのです。

第三の問題は性で、それは、人類に二つの性があること、私達が愛や結婚と呼ぶ社会的な用語により最良の解決が図れるかもしれないという事実に由来します。愛や結婚の外観は、時代や場所によって変わりますが、いつであれ、どこであれ、愛や結婚が発生すれば、共同体の社会的利益に対して常に明らかな関係性を持つのです。

これらの三つの問題は、私達みんながそれぞれ自分の役割を演じなければならない巨大な三輪のサーカス場によく喩えられます。これらの問題の解決は、私的なことではなく、個々人の自由裁量に委ねられています。人間社会は、グループと個人が相互に守り合う互恵的な貢献によってのみ存在しうるのです。しかしながら、私達が宇宙と呼ぶ大きなテントの下では、他のどんなサーカスと同じように様々な脇舞台（訳注15）が組まれています。メインの演技場に近いものもあれば、かなり離れている脇舞台もあります。メインの喜劇を観察すれば誰でも、たくさんの人間が忙しくこれらの脇舞台にいそしんでいることに気づくことでしょう。彼らの活動は、巨大な三輪の演技場で自分の力量を見せる芸人よりももっと熱狂的に見えます。これらの脇舞台の芸人達は、神経症者や精神病者であり、彼らが異常に活動的であることには、自分自身や仲間を欺くという目論見があります。彼らは、メインの演技場から距離を置いていることを正当化するために、自分達の善意、完全な無力さ、無責任、極端な行動を誇示するのです。

彼らのような脇舞台の芸人達が悪意をもって人間としての義務を避けているのだと考えてはいけません。彼らのパターン—共通の特徴は常に社会的に無益である—を続けさせているのは、すべての人間活動について終始一貫して彼らが無知だということです。彼らは、自分達が挑戦する準備ができていないので、人生の大きい方の演技場を憧れのまなざしで見て、その上で、自分が順応に失敗していることを許してもらおうと試みます。「もし（if）～だったら私は」とか、「わかってはいるのですが、しかし（but）…」という言葉が聞えます。そして、神経症をすべて「もし」と「しかし」のなかに表現します。彼らは留保し、なし遂げることは不可能であるという状態を作り、肩をすくめ、自分を守る責任を仲間にずっと引き受けさせるのです。

神経症の第一段階は、アドラーが「ためらう態度」（訳注16）と呼んだ症状群が先駆けとなります。疑い、不決断、引き延ばし、悲観主義、人生への非難、不安、心配し過ぎ、誇張された野心（それは常に、個人的な力か支配を求める野心です）、孤独、無関心、異常な疲労、短気、さらには類似したたくさんの性格特性は、このためらう態度を特徴とします。

すべての人間の活動には目的があることを思い出せば、これらの特性の目標が何であるか推察することができます。疑い、ためらい、怠慢は、性格の静的な表現とはみなされません。これらは実際のところ、その目標に絶妙に叶った、非常に動的な道具なのです。ちなみに、その目標とは、人生の最終的な試練を避けること、何の解決もできないほど非常にゆっくりと問題に取り組むこと、人の正常な活動から、アドラーのいわゆる「距離」を保つこと、です。正常と神経症の境界は、重なっており、識別しにくいのですが、人間の正常な目標と活動からのこの「距離」の度合いが、神経症の重さを計る唯一の基準です。

大部分の人間は、程度の大小はあれ、空腹を満たすために労働という課題を解決します。それでも、この分野についての脇舞台は多数あります。仲間の同情を間違ったかたちで利用しながら生きている乞食のような人々は、明らかに脇舞台の芸人とみなすことができます。経済の場で性的機能を歪めているぽん引きや売春婦は、似たような分類に入れられます。信じやすい人々を犠牲にして小才をきかせながら世渡りする「取り込み詐欺師」、犯罪者、そしてたくさんの暗黒社会の登場人物は、労働が災いではなく個人救済の形式であることに気づくことが全くなかった人達です。何かに貢献できるだけの労働の一端すらも継続できずに、次々と仕事を替えるような人々、通常の労働の状態に自分を適応させることができないような人々、他人を利己的に利用するような仕事を持つ人々は、労働の意義と価値を理解してこなかった不幸な男や女です。しょっちゅうブリッジや麻雀やゴシップで憂さ晴らしをしながら倦怠から逃れようと無益な試みをして人生を費やすような女達、自分の力を信じず、それゆえ「運」を崇拝しなければならないギャンブラー、自分の仲間のどん欲さや無知をあてにした仕事をする男と女―このような人々は、人類の福利のために創造的で建設的な貢献者になるという問題に直面する勇気に欠けた、巨大な集団の階層のなかに群がっています。

日毎にますます相互関係的で協力的になりつつある世の中では、孤立は実質的に不可能なことです。人との接触の架け橋を完全に断ち切った精神障害者だけが、自分自身を上手に孤立させることができるのです。先に述べたように、自分が生きている社会との理想的な社交関係とは、構築することが可能だと思うかぎりのたくさんの橋を友人との間に架けることにあります。人が確信しうるただ一つの安全は、仲間達の善意に端を発する安全です。教育の誤りのために、たくさんの不幸感を持つ人達が仲間達へ橋を架ける代わりに、自分達の周りに壁を造り上げることによって安全を確保しようと試みます。孤立するという技法は、結局のところ、紳士気取りや頑固、憎悪、疑惑、嫉妬、羨望、利己主義の技法に他なりません。職業的な階級意識、愛国主義、排他主義、プライド、虚栄心、人間嫌いなどは、利己的な隔離に向かいがちな道具です。不作法、もの知りぶった気難しさ、不機嫌、低俗さ、見栄っ張りは、社会適応の課題をより困難にします。これらは、社会生活の脇舞台です。

性という課題に関する演技場の周りの脇舞台が他の二つの演技場に付随する脇舞台よりおそらくずっと多いのは、次の三つの理由によります。第一の理由は、現代の性の問題に対するトレーニングが、性への正常な態度を発達させるのにはあまり適していないためです。第二の理由は、私達がいまだに性的な協力よりも性的な敵対の方が当たり前の世界に生きているためです。第三の理由は、社会、仕事の他の二つの問題とは違い、性の問題の解決は個人の生活にすぐに必要なことではなく、その好ましい解決には高度な共同体感覚が必要とされるためです。下記の状況により、項目を十分に列挙するとしたら、この序文の範囲を超えてしまうでしょう。私達の時代の次のような多くの性的逸脱―男女両方の同性愛、女性の冷感症、男性の不能、性的関係の不一致、売春、サディズムとマゾヒズム、フェティシズム、行き過ぎた「自由恋愛」、ピューリタン精神、厳しく警戒する社会での神経症的な好色、ポルノの礼賛、ゴシップ新聞での性的問題の非人間的な悪用、避妊情報の法的な禁止など―の存在は、人類のかなり多くの人々が、自分達が性の演技場で脇舞台を演じているのだと知っている証拠です。独身主義、マスターベーション恐怖、性的禁欲主義、「白人奴隷商売」、子どもの結婚、肉体的・精神的な近親相姦（親の異性の子どもに対する異常な執着のような）、レイプ、そして今の時代の倒錯した性的行為の長いリストを付け加えれば、平均的な「開けたはずの」男女が性の問題に対する準備がどれほどできていないかわかります。

ある心理学体系が、人間のすべての苦難が性的な不適応に始まり、すべての神経症が性的機能の欠陥に基づく、ということを前提にしてきたのは、驚くほどのことではありません。アドラー心理学を学ぶ者はすぐに、そのような心理学体系の根底にある誤りに気づくことでしょう。性行動は、けっして神経症や精神病の原因ではなく、その表現の一つでしかありません。それはしばしば、神経症の最初のサインであることがありますが、個人の行為の全体的なパターンを注意深く分析し、人生の目標と、目標へのアプローチのテクニックを検討してみると、神経症的な態度がその人の社会・職業の反応のなかにも同じように見出されるかもしれないということが明らかになるでしょう。

セラピーの理論と実践

個人心理学のセラピーは、哲学的な前提を適用することがその根幹にあります。神経症の「治癒」のよりどころになるものは、神経症者にその人の誤りについての洞察を与える技法を駆使すること、神経症者のテクニックが非能率的であることを本人に指摘することで、加えてよりよい目標とパターンを見つけるような勇気づけも欠かせません。それはつまり、精神科医は、神経症者を支配している、隠された秘密の目標を表面化させ、彼の無意識のパターンの成り立ちを追い求め、彼の認知の公式を探り出し、それを患者の現在の活動や願望と同様に自伝的なデータのなかに示す材料に当てはめ、そしてそれは、親しみに満ちた会話を続けながら、薄ぼんやりした灯りや寝椅子や催眠暗示（訳注17）なしに実行されるのですが、最終的には神経症者に、より人間らしい目標のほうが、神経症という誤った安全策よりもずっと人間らしい満足を与えてくれる、ということを納得させるということです。

アドラー派の精神科医は、神経症者が自分の子ども時代の状況をどこか間違って解釈してしまったのだと気づくと、神経症者の母親がどういう訳か果たすことができなかった役割を再演します。彼は、壊れることのない善意と忍耐と思いやりの態度を示すことで患者を味方に付けるのです。患者が自分の初期の劣等な状況を追体験するのは、客観的見地に立って物事を見なければならないところを、子ども時代に不必要かつ主観的な理解を間違ってしてしまったことが劣等コンプレックスを引き起こしたのだ、ということを学習するためにのみ限定されます。やがて患者は、人間の友情という砦が孤立という見せかけの壁よりももっと強固であることに気づくようになります。

アドラー派の精神科医は、患者を分析し再教育する間、すべての個人的な権威を捨てます。これは、分析者が患者に絶対的な隷属を要求し、患者が批判的な能力を使うことを拒否する精神分析の方法とは対照的です。

アドラー派の再教育は、医者と患者間の協力的な調査の性格を持っています。患者は、自分の人生から材料を提供し、精神科医は、解釈と勇気づけを与えます。精神科医は、洞察に当たってもどんな個人的な優越性でも最小限に抑えます。彼は、よき教育者と同様に、自分の立場を自分の生徒の自尊心を傷つけるためではなく、勇気づけるために使います。二人で一緒に新しい目標―それはいつも活動的な人間主義の目標なのですが―を設定し、個人のニーズに完全に沿った、目標達成のための新しいテクニックを創り出すのです。状況の分析はたいてい、面接の最初の数時間で大まかに把握できるので、取り戻せない、実体のない過去のことに無駄な時間を割くことをしません。パターンが一たびできてしまったのに、そのパターンをさらに確証したり肯定したりすることしかできないのですから、それよりは、新たな、より効果的なライフ・パターンに至る、現に備えている価値のある要素を組み立てることにもっと多くの時間が使われるのです。

このような調査では道徳的に話すような余地はあり得ません。精神科医は、患者に対して何の精神的優越性も持ち合わせていません。彼の態度は、常に「どんな状況で、どのような目標に向かって、同じ生き方のテクニックを用いればいいのだろうか？」です。あらゆる神経症が基本的に勇気くじきの産物であるとわかると、精神科医は、自分の生徒に簡単な課題を与えますが、それは患者が自分の力で充分に解決できる程度のものです。このように患者―アドラー心理学では、医師と患者の関係は、教師と生徒の関係を上回るものですが―は、自分の勇気と共同体感覚の初期資本を大きくし、最終的には行動パターンが人生の三つの問題のすべてで正常に近づくまで、徐々に難しい課題を与えられるのです。とはいえ、患者を完璧な人間に造り上げようと企てているわけではありません。患者が新しく獲得した洞察から得られる利益は、神経症という大きな間違いの代わりに、より小さな誤りをするだけですむようになるということです。つまり、より豊かな人生を生きることによって、より大きな生きる喜びを得ることができるのです。

子どもの行動や行為の問題について取り扱うとき、個人心理学を学ぶ者は、アドラー派の技法がシンプルで驚くほど効果的であることがわかります。アドラー派の精神科医は、事例に関する治療計画を読んだり、母親から子どもの難しい状況を聞いたりした後には、その子どもに固有な問題の本質に対する洞察をたいていい得てしまいます。問題のある子どもは、シンプルなパターンを持っていて、そのサインを読みとり解釈することのできる人には、ほとんどすぐに治療方法が見つかります。本文に示されたケース記録が示すように、問題児達は、この序文の最初の段落に書かれた要因のうちの何か、またはそのすべてによって勇気をくじかれてきた子ども達です。問題はたいてい、困難と障害を次々ともたらすことで子どもの発達の正常な経路を麻痺させてしまった親にあります。ですから、問題児の治療は、親と教師に子どもの行為の力動的なパターンを理解してもらい、できるところからどこでも、勇気くじきの要因を除去するよう教育することに大きなウェイトがあるのです。

個人心理学の論理的で明瞭な簡潔さは、子ども達がその実効面を理解し、その視点を身につける可能性が高いことからも証明されています。とても小さな子どものケースでは、親や精神科医によって勇気くじきの要因が取り除かれれば問題は解決されます。もっと大きい子どもの場合は、勇気と自立と共同体感覚の獲得に向けての一定のトレーニングがあります。個人心理学は、子どもの問題行動のあらゆるケースを治すと主張することはできませんが、それでも、親や教師に治療時に知的に協力することを教えることができると、最も難しいケースの治療にすら対応するのです。

アルフレッド・アドラーは、学校は予防精神衛生クリニックとしての理想的な場所である、といつも主張してきました。どの子どももここで、クラスの社会的状況とその課題のなかで世の中の縮図に直面します。アドラーのアプローチ法と、子どもの心に影響を与えるテクニックを学んだ教師は、自分のクラスの課題が具体的に見えてくることに気づきます。神経症的な行動パターンを認識することは、正常な通路へ方向転換する最初のステップです。子ども達は、勇気づけと理解に対し、まるで植物が日光と雨とふさわしい土壌に反応するように確実に反応してくれますし、親や教師に理解することや勇気づけることを教えるのは、子ども達を決まった分類にはめ込み勇気をくじくことと同じくらいすこぶる簡単なことです。

アドラー心理学が第一の原理としていることは、「すべての人はあらゆることをすることができる」(訳注18) です。この原理は、その発見者もよくわかっている限界がありますが、人間関係の実用的な原理としては、計り知れないほどの価値があります。一つ明白なことがあります。それは、教師が子ども達を悪くて、間抜けで、怠け者で、神経症的であると分類したとき、結果として何も成し遂げられず、彼等を間抜けで神経症者にしてしまうことになります。彼等をそのように扱うことは、たいてい、自分が思われているまさにその行動をとることを子どもに余儀なくさせる結果につながります。子どもを「まるで」彼が人間社会の体系に適応することができるかのように扱うことは、コストがまったくかからず、そしてしばしば、奇跡を起こすのです。

この当然短くならざるをえない個人心理学を紹介する序文は、悲観主義者や臆病者のためのものではなく、人は火をともされると安定した炎になりうる火種を持っていると信じる読者、人は人のなかで幸福になる権利を持っていると信じる読者が、学習を続けるための発奮剤を見出すことを願うものです。後編に引用されているケースは、まるで熟練した音楽家が交響曲の楽譜を読むように、人間のライフ・パターンを読みとる何らかのテクニックを理解する助けとなることでしょう。このこと以上に、個人心理学は科学というよりむしろ技術です。個人心理学を現実に適用するということは、創造的な直感力の問題であり、人類の歴史を通じて偉大な詩人や偉大な教師を揺り動かしてきた人間の努力にしっかりと共感するという問題なのです。人生を思う存分に生きて、その苦難や喜びを心の底から分かち合ったりしてこなかった者には、その技術を習得することを期待する必要はありませんが、人間について考え続けている人ならば誰でも、よき熟練職人となる力、その基本原理を習得し応用する能力を思いのままに使うことができる力を内在しているのです。

医師　W・ベラン・ウルフ

第一章　全身で示すジェスチャー

てんかんのミニ講義

今夜はフローラという女性の問題を取り上げます。彼女の主訴は、数年来、失神症状に襲われやすい、ということです。彼女は、父親、母親、二人の兄、二人の弟、それに母の小さな孫二人（訳注1）と一緒に暮らしています。家族間の関係は、とても親密で、一人娘のこの患者は、いつも思いのままに振る舞い、父親から特別の寵愛を受けていました。

さて、失神症状に襲われると聞くと、私達は、すぐてんかんのことを考えますが、てんかんは、さまざまな疾病に言及する場合、きわめてあいまいな使われ方をします。診断を特定するのは、時として非常に難しいことで、全面的に医者の関心に委ねられています。通常、てんかんに罹っている人達は、生活上大きな困難に直面しています。さらには、この困難というものが心の持ち方をそのまま反映しているので、どこまでが器官の障害なのか、どこからが心の構造上のことか、見定めるのができにくい時があります。てんかんは、いつも病気と言われてきました。てんかん患者を今日に至るまで医者が処方していたからです。これはむしろ、非専門家が以前、神経症のことをヒステリーと呼んでいたのと同じような態度です。

真性てんかんと擬似てんかんとを診断で特定する際には、きわめて似通った症状を識別しなければなりません。真性てんかんの発作が出ると、瞳孔が拡張し、光に反応しません。このことが器官を原因とするてんかんの最も重要な兆候のひとつですが、フローラのケース記録にはこの兆候が見られません。第二の重要な兆候は、失神しているときにバビンスキー反射（訳注2）が現れることです。バビンスキー反射をテストしてみるには、足の裏をくすぐってみて、親指が一般に予想しているのとは反対に、下の方へは動かないで（足の甲の方に向かって）上に反るのがわかります。バビンスキー反射が示すのは、脳のある部分に傷害があって、そのために通常の回路に沿った神経伝達が妨げられていることです。この他にも真性てんかんを示す症状がいくつかあります。皮膚の内側、特に耳の後ろに出血を少々発見することがあります。てんかん患者は、発作が起きたとき舌を噛むので、唾液が血だらけであるのも多く見られます。てんかん患者が転倒して、発作時に怪我をするのもしょっちゅうあります。てんかん患者は、時として、発作が起きそうな瞬間を予感することがあります。私達は、これを予兆と呼んでいて、かたちこそ違いますが、たいてい観察できるものです。

真性てんかんに現われる一連の症状は、ヒステリー性の失神症状とは明らかに違い、自分自身を傷つけ、望みがなく、無力だと感じ、全身でジェスチャーしながらそんな態度を表現します。ヒステリー患者の失神症状は、「私は無力だ」とアピールしているのです。ヒステリー患者は、発作後すぐ回復しますが、真性てんかんの場合は、通常、発作後しばらく、眠気、頭痛、不快感を伴い、それが数時間続くことがあります。てんかんとヒステリーとの重要な相違点のひとつは、てんかん患者が失神したことを知らず、発作から蘇ってからそれに気づくだけであることです。

診断を特定する際の困難を付け加えると、多くの場合、てんかんにはある種の精神的な欠陥が随伴しているということです。もしあなた方が真性てんかん患者に普通に怒りの発作が起きるような方法の仕打ちをしたら、あなた方は、その人の発作の頻度を増大させることが可能です。てんかん患者は、不機嫌であることがままあり、私の経験でも、てんかん患者の家族を調べていると、たいていその一員に見るからに不機嫌な人が存在したものです。私達は、不機嫌を劣等コンプレックスの兆候だと解釈しなければなりませんし、怒りっぽい父親がいる家族でてんかんの子どもを見てきたところでは、その子は父親のかんしゃくを真似ているだけでは、と感じたことが何度もありました。

時として、てんかんの発作は、後にてんかん性の精神障害―通常幻覚や、野蛮で残忍な行動を兆候とします―を併発することがあります。てんかん患者は、たいてい精神病院で鎮静剤の処方を受けますが、鎮静剤を服用すると、多くの時間、夢見がちで眠くなり、その処方のもとでは、てんかんの発作は、全部止まらないまでも、大幅に軽減することがあります。

真性てんかんと意識を失うヒステリー性の発作との間に存在する差異は、以上のとおりなのですが、診断を適確に下すのは困難です。発作が起こったときに、瞳孔とバビンスキー反射を調べる医者が滅多にいないからです。

私の経験によれば、てんかん発作は、特定の感受性の強い人達が、よくない状況にあるときに限って起きます。この感受性の強さは、脳の血管の病理的な変異によるものだと、私は信じています。てんかんの発作は、人が激高しているときの姿にとてもよく似ています。てんかんの患者は、まるで誰かを襲おうとしたいかのように見えるものです。てんかんが、大脳の血管の病理的な変異と、怒りの発作を有する傾向とを併せ持つ個人に最も生じやすいのは、疑う余地がありません。通常、てんかん患者はとても残酷で、夢のなかで残虐行為や闘争の体験を味わうことがあります。残酷さは、てんかん患者の心の成り立ちの上で大きな役割を占めています。ですから、てんかん患者でとても親切で、優しく、物静かな人に出会ったとしても、その人達の夢を調べてみると、情け深さとはかけ離れた何かに気づかれることでしょう。

アルコールの量が増えると、てんかん発作の頻度が増えるのは、ごく当たり前のことです。もし非人間的ということでなかったら、このことを経験的に実証することもできます。アルコールに悪影響を受けるてんかん患者には、どんなことがあってもアルコールを勧めてはなりません。

てんかんに関する私の経験では、できるだけてんかん患者の生活を楽にしてあげるのが望ましいようです。さらには、より強く、より自活的で、穏やかにするように指導されると、患者の状況が好転できるというのも、私の経験です。言い換えると、てんかんは、患者が社会的にうまく適応したとき、たとえ他の多くの医師達が診断に自信を持っていたとしても、症状が消えるということを発見してきました。だからと言って、私がてんかんを治せるということではありませんが、もし、私達が患者にもっと高度に社会に適応できるようにすれば、場合によっては、てんかんの症状を軽減したり、患者をもっと快適にしたりすることができる、と申し上げているのです。さらには、ある場合には、高程度の社会適応が実現できたことで、てんかん症状が完全に消失してしまったというケースがあったのは確かです。

フローラのケース

さて、ケースに戻りましょう。男きょうだいの家族の一人娘のケースでしたね。私の観察では、こんな家族の一人娘は、過度に甘やかされ、正常な女性の役割を発達させないでいることがしばしば見受けられます。時として非常に従順なことがありえますが、自信を持ち自立的であることは、まずありえないでしょう。他者は自分を支えなければならない、というように発達するでしょう。一人でいることができないだろう、というのもありえます。その一方で、ある状況では違った発達を遂げます。つまり、そんな一人娘がまるで少年のように発達すると、非常に頑固になり、少年のような傾向を誇張します。ケース記録で明らかになるでしょうが、この患者は、以上述べた二つの道筋のどちらかを辿ったに違いありません。
　私達は、家族全体に親密な関係が存在していること、その娘がいつも思いのままに振る舞い、父親から特別の寵愛を受けてことを知っています。ですから、私達は、この患者が十分な心の強さを発達させてこなかった、甘やかされた子どもの特質を示すであろうことを予測するのも可能です。彼女は、おそらくとてもかわいらしく、物静かで、従順で、認めてもらいたい気持ちがとても強いでしょう。症例ノートには、次のように書かれています。

「最初の発作以来、彼女は母親と一緒に寝ている」

　ここにこの娘が一人でいることを拒んでいるばかりでなく、最初の発作が依存を強調するのに役立っているという証拠があります。この点でも彼女のいわゆるてんかんが計画的であったと信じるのに十分です。ノートはさらに次のように続きます。

「家庭生活はとても申し分がなかったのでした。患者の健康状態は、完全に正常でしたし、これまでに神経症を示す兆候はありませんでした。彼女の母親は、彼女があらゆる点でほとんど完璧だと言っています。友だちづくりも難なくこなしました」

母親が彼女を完璧だと言っているのを聞くと、彼女が第一のタイプに属し、かわいらしく、従順な若い女性であるという私の信念を立証してくれます。さらには、次のことも間違いがないでしょう。つまり、彼女は、子どもの頃甘やかされたのに、今や自立しなければならない時が来ているのです。この自立は、彼女にとってとても利益をもたらすでしょうし、実際、彼女の治癒には唯一の希望なのです。

「彼女の娯楽は、映画・演劇鑑賞、それと自動車に乗ることです。彼女の学業成績は優秀で、クラスの第4位の成績で卒業しました。放課後も勉強し、勉強するのを楽しんでいました」

おそらく彼女は、家庭の中だけでなく学校でもお気に入りになりたいと思っていたことを学業成績面で示し、それで、正当に評価してもらおうとして頑張ったのでしょう。

「現在、彼女は秘書の仕事をしていて、仕事を気に入っている、と言っています。学生の頃は教師になりたいと思っていましたが、教師になるにはさらに努力しないといけないので、志を断念しました」

ここでもう一度、彼女には自信がないこと、自立するための努力をしようとしないことがわかります。

「患者は現在二十五歳、片目が少しばかり斜視ですが、美人だとの評判です。左手の薬指が第一関節で切断されていますが、周囲の人に気づかれないような方法で見られないように手を隠しています」

それらの欠陥は、彼女の人生で重要な役割を果たしてきたのは間違いないでしょう。気づかれないようにすることで、欠陥が引き起こす結果から自分を守ろうとしているのです。彼女は、自分自身をまるっきり信頼しないかのように、おずおずとした態度で生活しているのです。

「この彼女から早期の記憶（訳注3）を収集するのは不可能です。自分の幼い頃を思い出すのは難しい、と訴えています」

私が彼女の子どもの頃の記憶を収集しようとするなら、彼女は思い起こせると信じているのですが。子どもの頃の記憶を思い出そうとするとしても思い出せない人もいます。十二、三歳以前の恐ろしいエピソードを思い出しかねないと信じているからです。ぜんぜん必要のないことです。たいてい私は「学校時代のことを思い出せますか？」と尋ねます。患者は、時としてこれに答えようとしてとても警戒心を持つことがあります。患者が選ぶ回想は、その人のパーソナリティを知る上で重要な手掛かりになります。患者は、学校時代の出来事をいくつか思い出した後で、入学以前の体験を思い出すことがあります。私は患者に幼少期のことを思い出して、それができたら、まるで自叙伝を書くように丸ごと書き連ねるよう時々アドバイスします。ところで、この患者は、二つほど夢（訳注4）を思い出しています。なかなか面白そうな内容です。

「私は、昼食を食べに行くお店で働いている男の子と合コン（訳注5）に参加している夢を見ました。上司に関しても同じ夢を見ました」

またもやこの夢も、この患者が家庭だけでなく働いているところでも可愛がられ、重要視されたいと思っていることを示しています。もし、彼女の雇用主が彼女を甘やかしてくれていたら、たぶんこんな夢を見なかったでしょう。従って、彼女がそうしてほしいほどにはボスが親切ではない、と結論を下しても差し支えないでしょう。「あの人が私を可愛がってくれたらどうでしょう？」「あの人が私を愛してくれるようになるにはどうしたらいいのでしょう？」と、彼女は夢のなかで状況を作り出しています。彼女は目標に向けて自分なりに道筋を準備しているのはご存知ですね。その道筋は愛されることです。このことは、夢の解釈ができれば確かになります。お店の男の子は、おそらく彼女と一緒に合コンに行ったことはないでしょう。そこで次のように結論づけるのが可能です。つまり、彼女は、自分がそうありたいと願う立場にいないこと、また、その事実こそが私達の解釈の重要な要素であることです。

「潮流が他の人達に襲いかかっている夢を見ました。私のところには来ないのです。私はただ眺めていました」

さて、この第二の夢はもっともっと意味深いものです。彼女が救助しようともせず、他の人達が溺れているのを見ているように、患者の生来の残忍さが現れ出ているからです。この夢の意味は、「この世の中で他の人達が溺れそうになって、私が一人ぼっちなのに、どうやって状況を打開できるでしょうか？」「どうしたら天涯孤独だと感じるでしょう？」ということです。彼女の父母を大洪水から救おうとする意図も無きにしも非ずですが、彼女は他者には関心がなく、溺れに任せてしまいました。一体、どうしてみんなが死んでしまえばいい、と思うのでしょう？　自分以外の人に自分を愛するようにさせられないから、そんな人達を憎むのだ、と無難に結論づけることもできます。状況を救う方法はただ一つ、全人類を滅ぼすことです。こう考えると、優越コンプレックス（訳注6）に思い至りますが、優越性の誇示（訳注7）は、どんな時も劣等コンプレックスに根差していることを知っています。彼女の夢は怒りの爆発のようです。「人々は死んでしまえ！」と言っているかのようです。

「母親は孫の世話をしないが、自分なら五歳と七歳の子どもを従わせることができる、と彼女は不満を言っている」

これは、なぜ彼女が教師になりたがっていたか、を示すものです。彼女は、教師はいつも従順な子ども達に囲まれていて、子ども達に従順さで彼女への評価を示して欲しがっていると信じているのです。

「彼女は、家族が自分に優し過ぎた、甘過ぎた、と思い込んでいます」

この報告を聞くと、彼女は、自分の置かれた立場に対する洞察力がかなりあるのですが、だからと言って、立場が何も変わることがなく、外見だけが価値があると思われていたのが明らかです。彼女の望みは、あらゆる人達―彼女の雇用主も、お店の店員も、子ども達も、両親も―を服従させたいということだ、ということがわかります。問題は、どうやって目標にたどり着くかにあります。うまくいかないと、彼女の計画はすべて台無しになり、彼女が無力になってしまいます。

「てんかんの最初の発作は、同じオフィスに二年間ほど働いてきてから起こりました。彼女は、多くの人達が働いているオフィスの床に叫び声を上げてどっと倒れました。頭をコンクリートの床に叩きつけ、舌を噛み、家に送り届けられるまで硬直した状態が続きました。家では、医者数人と、熟練した看護師が一人待機していました。一週間、体調は戻らず、しかも腎臓の中毒症状も併発していました」

この報告を聞くと、彼女の最初の発作は、まるで真性のてんかんだったかのようですが、同時に他の病気を併発していたとなると、彼女の失神がてんかん性のものと判断する確率がかなり低下します。ただ、ここでは判断を留保しておいて、もうしばらく調べてみることにしましょう。

「次の発作は、七カ月後、彼女が家にいるときに起きました。彼女は倒れて、ヘヤアイロンで腕にひどい火傷を負いました。その時、叔母さんが部屋にいたのですが、母親は、孫が生まれて以来初めてよその家に外泊に出かけていて、家にいなかったのです」

もしこれがてんかんの本来のケースならば、この発作の起こり方は、きわめて異常な発症段階だと言えます。その根拠は、てんかんを十八歳以降になって発症したと診断されるとしたら、大きな発作が起きるのに先立って、軽度の発作の発症歴があるからです。この発作が起きたケースは、あまりにも突然です。最初の発作が起きたのは、彼女が十八歳の時で、病気はだんだん重くなり、とうとう母親がこの患者と一緒に寝なければならないほどになりました。次の発作は、七カ月後に起こり、奇妙な一致なのですが、母親が、孫ができて以来初めてよその家に外泊に出かけていて、家にいなかったという事実と符合しています。これは確かに注目すべき点です。こういう点から、どうしても次のように結論づける他にありません。この患者は、母親を支配したい。その支配の仕方は、かわいらしく優しい表現だとしても、です。発作は「どうしてお母さんは、私を置いて一人で行ってしまったの？」という、一つの方法です。全身で示す言葉を理解することを心掛けなければなりません。

その次の発作が起きるまで十二カ月が経ちました。その間患者は、鎮静剤のルミナールを服用し、ダイエットをしていました。ダイエットをし、ルミナールを服用していると、結果として、たいてい患者の体力は弱まりますが、患者にとっては症状軽減に役立ち、好ましい結果が出ることがあります。

「前回の発作からは、失神するほどの発作は、毎月、生理の時期に起きていました。この時期の発作は、とても激しいものでした。現在では、ほとんど毎週、発作が起こって、発作が起こりそうだと感じると、患者は母親を呼んで発作の到来を告げるのです」

これらのことは、病気の特質を知るのに重要な手掛かりになります。生理が始まるのは、このお嬢さんにとってとてつもなく困難な時期でした。生理が始まるとともに失神するほどの発作を起こしていたというのは、自分が望んでいた男性であるのではなく、他ならぬ女性であることを受け入れたくない、ということをたぶん物語っているのでしょう。生理の時期がやって来ると、きまって患者の緊張が高まり、ひいては、この緊張が彼女に決まりきった、特有の呪文を唱えさせることになるのです。発作の到来を感じたとき母親を呼ぶということは、さらには彼女の目的を示しています。彼女のケース記録によれば、「ある時、人が来るのを感じて、間近に住む隣人のところに逃げようと外に出た」とあります。このことは、母親がいないときは、他の誰かに母親の代わりを務めてもらいたかった、ということを意味しています。

「彼女の知性は、てんかん発作の間低下し、また、発作は、けんかをした後によく起きます」

私は、この患者に援助するためにどういうことができるかわからないのですが、治療は、彼女の生き方のスタイル全般を変え、彼女が女性性を受け入れさせる方向に進むことでしょう。現時点で彼女は、女性であることを好んでいませんから、恋人との関係を考慮に入れるのが賢明だと思われます。私は、彼女のケース記録すべてに目を通しているわけではありませんので、愛情面の生活で劣等コンプレックスの表現をいくつか見てみることにしましょう。彼女の恋人に詳細を聞かなくてはならないのですが、たぶんケース・ノートの助けを借りればわかるでしょう。

「彼女は、同じ男の子と八年間交際を続けています。婚約してから三年が経っています。彼女は、婚約してから発作の頻度が増えていることに気づいています」

一人の男の子と八年間交際しているというのは、誰しも長過ぎると認める、と私は思います。それに、彼女の発作の頻度がより激しくなってから、私は、二つの事柄のうちの一つが起きると確信しています。一つは、彼女の婚約者が彼女の病気にショックを受けて彼女との結婚を断念するか、もう一つは、彼女の方が、「私がよくなるまで待って」という公式を主張するか、のどちらかです。彼女の発作は、彼女の公式を言い続けるのに役に立っています。女性の役割を避け、結婚についての一切の決断を先延ばしすることが彼女の人生の目標です。彼女は、男性から支配されるのを恐れ、「私がよくなるまで待って」という公式を最後の防衛線としています。彼女が求めていることは、逃げること、ためらうことです。

「現在、もう一人の男の子が浮上してきています。彼女は、第二の男の子を愛しているのですが、長い間彼女を待ち続けている第一の男の子に誠実であらねば、と感じています。第一の男の子は、ライバルのことを何一つ知らず、フローラがよくなるまで待ちたい、と言っています。彼女は、『発作がなくなれば結婚するつもりです』と言っています」

さて、二人の男の子は一人に叶わない（訳注8）、というのは、通念です。ですから、二人の男の子と恋をしていることが、二人のうちの一人とどうやって結婚するかの問題を引き伸ばしている、ということを理解することができます。彼女の人生の目標は、愛の問題から逃れることですし、彼女は、愛の関心の対象を二人に分割するだけでなく、自分には責任がないことを示す失神の呪文を誇張することによって、自分の目標を達成しているのです。しかしながら、彼女がやっていることが、意識的だとか、悪意があるとか、思い込んではいけません。彼女は病気なのだし、発作の本当の意味を知らないでいることが、彼女のライフ・パターンの一部なのです。皆さんはきっと、彼女の隠された目標を達成するのにこのパターンがいかに好都合であるかご存知でしょう。長い間待ち続けている男の子に誠実であらねば、と彼女が思っている事実は、たぶん、彼女が実直で良心的である証拠でしょう。しかし、治療面で彼女にしなければならないことは、自分で思っているほどには良心的ではないのだ、と彼女に教えてあげることでしょう。彼女がよくなるまで待つし、自分の計画に添っていて、自分を喜んで待っているので、恋人として選んだ、と彼女が言っている男の子との関係について、私はいささか疑念を持っています。「発作がなくなれば結婚するつもりです」というメッセージにいかに彼女のライフ・スタイルの公式が現れているかを知るのは、興味深いことです。これは、確かに彼女の善意の表明ですが、このメッセージの本当の意味は、演劇で聴衆には聞こえない脇台詞として別に解釈できるのです。「ですけど、私は男の子を二人とも所有するの！」と。

ケース記録は、さらに二つほど重要なポイントを提供しています。

「二度目の発作が起きたとき、孫が生まれたためフローラの母親は、家でほとんどの時間を過ごさなければなりませんでした。フローラが恋に陥った最初の若者に会ったのも、ちょうど同じ頃でした」

この二度目の発作は、とても疑問で、もし自分が病気ならば、家の中でより多くのことを達成できるのに、と無意識のうちに気づいていた可能性があります。

面接

フローラが部屋に入って来ます。

アドラー先生：「あなたが病気になったとき、仕事に恵まれておられたかどうかお尋ねしたいのですが。仕事をなさっていたとき、何かお困りなことがありましたか？」

フローラ：「何度か仕事を辞めようかと思っていました。そこでは幸せではありませんでした。人がたくさんいたし、気苦労も多かったです」

アドラー先生：「雇用主や同僚のことを気に入っていましたか？」
フローラ：「はい、同僚はいい人達でしたし、雇用主も典型的な経営者タイプでした」
アドラー先生：「あなたには腎臓のトラブルがあって、仕事上困ることがあったのではないでしょうか。雇用主が、あなたを非難したようなことはなかったですか？」
フローラ：「私を非難したことなど一度もありません。私は完璧な状態でした」
アドラー先生：「だけど、仕事を辞めたいと思っていたのでしょう」
フローラ：「そうです」
アドラー先生：「今、仕事をしてらっしゃいますか？」
フローラ：「はい、不動産会社で秘書として」
アドラー先生：「新しい仕事はお気に入りですか？」
フローラ：「はい、この方がずっと気に入っています」
アドラー先生：「いい仕事に就かれてよかったですね。ところで、子ども時代のことを思い出して何か私に教えていただけますか？　特に重要なことでなくて結構です。好きだったこと、嫌いだったことをたぶん思い出すことができるでしょう」
フローラ：「ちょっと難しいですね。室外のスポーツが好きだったと思います」
アドラー先生：「どんなスポーツが一番好きでした？」
フローラ：「スケート、スキーの滑降、木登り」

アドラー先生：「あなたはとても勇敢な女の子だったみたい」

フローラ：「そうであらなければならなかったのです。四人の男の子の向こうを張らなくちゃならなかったのですもの」

アドラー先生：「張り合えました？」

フローラ：「いつでも引けを取らなかったと思います」

アドラー先生：「男の子だったらなー、と思ったことを覚えていますか？」

フローラ：「いいえ、男の子になりたいなんて、一度も思ったことがありません。ですけど、いつも男の子と遊んでいました。付き合う女の子が誰もいなかったものですから」

アドラー先生：「きっとあなたは、男の子のように育てられたのでしょうね。それで、きょうだいがみんな男の子だから、友だちも男の子が多かった」

フローラ：「そのとおりです」

アドラー先生：「あなたの記録を持ってきて下さった先生とお話しされるとしたら、彼女はあなたがどうしてそんなに敏感になったか、教えてくれると思います。あなたは、すぐ、すごい緊張状態になってしまう人で、ご自分の弱さを示すために失神症状が出るのです。失神は、あなたが取り乱すか、非難されるときに限って起きています。私には、あなたが将来のことを少しばかり恐れていて、ご自分のことを十分信頼されていないように思えるのです。物事を自分の力で決めようとなさらないし、自分で努力せずに人から愛されたいと思ってらっしゃるようにも思えるのです。私は、あなたの心の状態がとてもよく理解できるのです。ですけど、あなたがもう少し勇気を持ち、兄弟と張り合わなくてもいいのだと気づけば、あなたの健康はきっと回復すると信じています。いつも完全に無力な地位にいるよりも、よりよく生きる道があるのですよ。他の道を歩んでみる気はありませんか？」

フローラ：「はい、もちろんです」

アドラー先生：「あなたに勇敢さが不足していたのが、トラブルのすべてです。責任はすべて自分の行為にかかっている、とお決めになることをお勧めしたいのですが。そして、一歩踏み出されたら、それがあなたの大きな力になると確信しています」

フローラ：「私が勇気を持てば、発作を自分で治せる、とおっしゃるのですか？」

アドラー先生：「そのとおりです」

フローラ：「そうですか。では、何か、進んでやってみることにします」

第二章　支配的な母親

ロバートのケース

今夜は、十一歳八カ月のロバートのケースを検討することにします。この少年が発達遅滞であるかどうか、彼の教師は少しばかり疑念があります。発達遅滞の問題は、極めて難しく複雑で、診断を下すにあたっては、細心の注意を払わなければなりません。と言いますのは、その患者の人間としての失敗・成功は、ひとえに私達の決断にかかっているかもしれないからです。

完全に正常な少年ならば、この年齢の少年は、少なくとも五年生になっているはずだ、と考えて当然なのですが、ケース・ノートによれば次のとおりです。

「この少年は、学校で遅れていて、三年生。知能指数が非常に低い。彼は、クラスの中では、物静かで従順です。今までは、いつもスローモーで臆病、つい最近まで話すことができませんでした」

この症例では、まるで本当に顕著な発達遅滞のように思わせますが、正常な子ども達も、とりわけ左利き（訳注1）であれば、時として遅れがあり、臆病であることがあります。左利きの子どもは、手のせいで賢さに欠けることがありますす。数々の過失や失敗を経験してきていますので、表現面の動きの遅さで過度の注意深さを示します。

この少年がつい最近まで話せなかった、という事実には疑念があります。というのは、ご承知のとおり、知恵遅れの子ども達にはよくありがちな困難だからです。知的な欠陥が著しいと、全く話すようになりません。一方、話せるようになるのが遅い、甘やかされた子どもの、ある種のタイプが存在します。ドイツ語にはこのタイプを表す特別な言葉がありますが、英語にはそのような言葉がありません。

このタイプの子どもは、聞こえますが、聾唖者ではないのに話しません。このような状況では、子どもが知恵遅れであるのかそうでないのか、決めるのはとても難しいです。そのような子どものなかに、後になって聡明で雄弁家になるのがわかるとなると、なおさらです。私は、もう既に亡くなった人にも、存命中の人にも当初大きな困難を抱えていながら、後年見事に話せるようになった人を何人も知っています。ですから、このケースでは、二つのパターン―知恵遅れの子どもなのか、甘やかされた子どもなのか―のどちらなのかを調べてみなければなりません。ある点では、甘やかされた子どもと知恵遅れの子どものパターンは、同一です。この子は、両者の混ざったものである可能性もありますので、本当はどれかを決めるのは、少々難しいかもしれません。

「父親は、背が低く、頑強で、自分を表に出さない男で、母親は、チャーミングで魅力的な女性です。姉が二人いて、十六歳と十四歳です。三人の他に子どもはいません。両親の夫婦仲は、睦まじくて、争いごとはありませんが、家庭で主導権を握っているのは、母親です。母親によると、父親は長女を可愛がっているが、この少年は、どちらかと言うと、母親に親密だとのことです」

この子は、家庭の中で唯一の男の子で、赤ちゃんであることにある種、利点を持っていることがおわかりですね。もしかしたら、事実と反することがあるかもしれませんが、私は、両親のうちのどちらかが家庭で支配権を握っている結婚の多くが幸福なのを見たことがありません。「この少年がどちらかと言うと、自分に親密だ」と母親が言うときは、自分自身を十分に表現しているとは申せません。母親はたぶん、「あの子を甘やかしてきた」と付け加えてもよさそうなのです。

「この少年は、家族の他の人たちより母親のことを口にするのが多いのです。家族は彼のことを『バスター』（並外れた坊や）と呼んでいますが、彼はスローで知恵遅れですから、とても不適切なニックネームです。女の子二人は、中学生・高校生で、とても頭がいいのです」

家族の中で一人の子どもがとても頭がいいと、決まって他の子どもに困難を見つけることができることがあります。知的に優越性を持つ子がいると、相対的に他の子が劣等に見えてしまうのです。このことは、今検討中のこのケースでも起こっていることでしょう。過度に可愛がられた子どもは、勇気をくじかれ易く、このことがロバートのトラブルのもとになっているかもしれません。このことは、私達に一縷の望みを与えてくれます。と申しますのは、知恵遅れの子どもよりも知的な子どもの方が勇気をくじかれやすいからで、この子は、学校に入学する以前はもっと勇気があった、と結論を下すことが可能です。つまり、知恵遅れのケースではないのでしょうね。

「試験での競争を経て、この子は入学しました。姉二人の成績が良かったことがこの子の入学にも助けになりました。彼の現在の教師は、そのことで落胆しています」

このことは、私達の論点の正しさを確認するのに十分です。

「父親は、この子に対して否定的な態度をとっています。父親は、この子がこんなふうに生まれたのだからいつもこんなふうだろう、と思い込んでいます。母親は、どの子も今まで叩かれたことがない、と言っています。母親によれば、『この子はたった一人の男の子で、赤ちゃんです。この子が他の子のようではないことを知ってとてもショックでした』とのことです」

父親がこの子に希望を持っていないことは、落胆材料です。と言いますのは、父親の子どもに対して持つ意見次第で子どもの発達が左右されることがきわめて多いからです。この件を特に考えてみると、この子を勇気づけ、この子が自分で正常に発達する望みがあると感じられるようにすることが、私達の務めでしょう。この子が公立学校で三年生にすでに進んでいるという事実は、この事例には望みがある、と信じるに足る点です。

ロバートが知恵遅れだということを完全に度外視して、彼は単なる問題行動の子どもに過ぎない、と考えてみることにしましょう。家族のなかでの彼の地位は、非常に押さえつけられてきているのが明らかです。一方では、この子は、母親とあまりにも密接な関係にあり、彼女の手助けに頼り切っています。その反面、彼よりも頭が良い二人の姉に太刀打ちできないでいます。彼には勇気がないので、戦うことができないし、聞いているとおり物静かでいます。こんな少年が健全な発達を遂げると期待するのは困難です。例えば、狭い場所に育つ三本の木の比喩を用いるとわかりやすいでしょう。つまり二本の木が困難に打ち克って強く育ったとすると、三番目の木は、自由に育つことができません。同じことが子ども達の成長にも言えます。この家庭では、女の子達が有利な空間を占拠してしまったために、この少年は、身動きが取れない、低い水準に目標を定めざるをえなかったのです。このように私達は、彼の発達の全パターンを説明することができます。

「姉達は、お互いとても仲良しです。この少年が言及するのが多いのは、長女の方で、長女は、彼を散歩や映画に連れて行ってくれます。彼は、次女は自分をいじめるから、仕返しに彼女のこともいじめる、と言っています」

次女とこの少年は、両極端の状況を示しています。次女は、活動的・攻撃的で、彼女のことがあまり話題になっていませんが、彼女が家庭の中で一番になろうと頑張っているのは、ほぼ間違いありません。その反面、勇気をくじかれてきたこの少年は、努力するのを諦め、後ろからついて行く状態に満足しています。この少年と次女がお互いにいじめ合う事実は、競合関係にあることを物語っています。次女は十四歳、彼はもうすぐ十二歳になります。ということは、彼が生まれたとき、次女は二歳半だった、ということになります。彼の誕生によって次女は、自分の地位が奪われた、と感じ、彼を攻撃対象にしていたのが功を奏したため、彼が競争しようという気が起こせなかったのです。

「この家族の生活は豊かです。母親は専業主婦ですが、父親は、その地で高収益の食料品店を経営しています。二人の女の子は、綺麗な服を着て、手が空いたときでもお手伝いをしません。部屋は五つあって、シングル・ベッドが五つあります。家族は、別々に寝ます。この少年は、顔を壁の方に向けて、時々丸くなって眠ります」

私は、この寝相の問題についていくつか調査を行ってきました。その結果、人が夜眠る方法を観察することできわめて多くのことを発見できるものであることが判明しました（訳注2）。この少年の寝相は、「僕には勇気がない。僕は何も見たくない」と言っているかのようです。彼が丸くなるとき、消えてなくなりたいと思っていることの現われか、敵に姿を見せたくないと思っているためにヤマアラシのように自分を丸めようとしているか、と考えられます。

「父親は、この子と同じ部屋に寝ています。母親は、彼が寝つくまで添い寝をして、彼を落ち着かせねばならないことがしばしばある、と言っています」

この後半の部分が重要です。と言うのは、少年はとても怖がりで、自分の臆病さを母親に支えてほしい、と要求していることにほかならないからです。彼は、自立した存在として行動しようとしないで、母親が注目しないでいられないような行動をあえてしています。この少年が学校の教室のような、母親と一緒にいない状況に置いてご覧なさい。そうすると、彼は勇気を失ってしまいます。そこで彼は、寝相で象徴化されるような格好で背中を丸め、目を閉じるのです。彼がどんな問題にも直面したいと思わないのは明白です。

「母親は、姉達二人に比べると、ずっと長いことこの子と一緒に寝ていたことを認めています。両親は、イタリア系の人達ですが、イタリアの家族によくありがちな、母親や女の子に加えられる父親の制限がありません。『私は、家で主導権をしっかりと握っています。夫は、私が疲れていると時々、外に出るな、と言います。その訳は、男の人みんなと同じようには私に外に出てほしくないのでしょうが、口うるさくそんなことを言いはしません』と、母親は言っています」

母親が認めていることからも、私がすでに疑念を抱いていたとおり、ロバートは、姉達以上にご機嫌を損なわないようにされてきたことが明らかです。その上、父親は女性を軽視していませんし、支配的な妻を抑制しようとするようなこともなかったのです。

「この少年の身体面の成長に関する記録については、次のとおりです。母親は、この子を産むのに十二時間も陣痛で苦しみ続けましたが、出産に際して［帝王切開などの］器具を用いた措置は行いませんでした。陣痛時にはいくらか困難があって、出産する間、この少年の顔が真っ青になりました。誕生時の体重は、十二ポンド（五・四キログラム）でした」

難産であることは、一般に信じられているほど重要なことではありません。おそらくこの子は、頭が大きかったのでしょう。生まれるときに女の子よりも男の子のほうが頭が大きいのは、ごく普通のことです。

「母親によれば、この子が生まれたとき、かわいい赤ちゃんでなくて、黄色い皮膚をしていたとのことです。二カ月で吹き出物ができて、十五カ月になるまで残っていました。首が座るのは早くて、六カ月でお座りしました。八カ月で歯が生え始め、この時に乳離れさせられました。食べさせるのには、かなり手が掛かり、適当なやり方が見つかるまでに腸の炎症が続いていました。九カ月になって固形物を食べ始めました。十五カ月で母親は、オムツをはずす訓練を始め、二歳になると、完全におもらししなくなりました。子ども相応にタラの肝油を少量飲まされました。この子がだんだん大きくなるにつれて、母親は、どこかおかしい、と気づきましたが、人には話しませんでした。この子は、二歳で歩きました」

黄色い皮膚や、すぐ出た吹き出物についての適切な情報を提供してくれることができるのは、誕生時、そこに居合わせたお医者さんだけです。二歳になるまで歩けなかったとすると、小さい頃くる病（訳注3）に罹っていたのではないか、と推定できます。

「この子のコミュニケーション手段は、動作と、わずかな音声で、家族はそれを理解しましたが、一番理解したのは、母親でした」

母親がこの子の動作を理解したのは、非常に不幸なことです。話す必要がないとしたら、話す能力を発達させる欲求を持たないのは、驚くにあたりません。

「聴力の欠陥はありません。医師は、母親にこの子のことは気にしないで、放っておくように、そのうちに『彼は物事がわかり出すものです』から、と言っています。この子は、五歳で話し始めました。この子は、アデノイドと扁桃腺を取っています。彼は、病気になったことがなく、何でも食べます」

四歳を過ぎるまで話せないというのは、気まぐれが何もかも許されてきた子どもにとっては、ごく当たり前のことです。他方、この手の子が食事のことでよく手間をかけるとか、おねしょをすると聞くのは普通のことです。この患者がそんなことがないとすると、次のように結論づけてもかまわないかもしれません。つまり、改善が必要だと感じないほど、母親の助けを借りながら、状況を好ましいものとして維持・固定しているのです。

「ここ二カ月ほど、0・3の視力の欠陥を矯正するため眼鏡をかけています。自分で服を着るのを覚えたのは、一カ月半ほど前のことです。彼は、自分で服を着るのにもぐずぐずして時間がかかるので、いつも急き立てられなければなりませんでした。どの足にどちらの靴を履くかを決めるのでさえ、かなりの時間がかかりました。彼は、身長五フィート（一・五三メートル）、体重一〇〇ポンド（四十五・四キログラム）で、同年齢の子どもよりも身長、体重とも上回っていました」

この子が十歳になるまで自分で服を着るのができなかったということは、彼がひどく甘やかされてきたことの確かな証拠です。彼は、母親に着るのを手伝ってもらいたいために、自分で服を着るのにさほど興味を示さなかったのです。彼が同年齢の子どもに比べて大きいという事実は、脳下垂体腺の異常の症状を疑うこともできますが、その一方で、彼が健康な子どもであること、母親が彼の食事にとても気を使っていたことの証に過ぎないかもしれません。

「この子は、右手で字を書きますが、その他のことはすべて左手を使います」

このことは、この子が生まれつきの左利きの子で、右利きに矯正されるという問題に出合って、勇気をくじかれたことを確信させてくれますので、とても重要なポイントです。

「この子は、母親や長女といつも身近に接していて、父親のことは、めったに話題にしません」

母親と過ごす時間が一番多い、甘やかされた子どもの間では、この状況はごく普通で、父親は、母親に太刀打ちできません。この父親は、大きな過ちを犯していて、この子に希望を持っていないという点では、特にそうです。長女ならこの患者を説得して自分の意見に従わせることができるでしょうが、この子が父親と和解するのは、より困難な問題だと、私は確信しています。母親が側にいる限り、この子は、常に母親の方ばかり向くでしょう。父親は、この子を旅行に連れて行って、彼に楽しい時を共に過ごし、「仲間」にならなければなりません。

「母親は、彼をお使いに行かせます。この子は、お使いに行くことと、そのことを話題にするのが好きです。母親は、お店で二品目かそれ以上の品を買って来て欲しいと思ったら、紙切れに書いてやらねばなりません。メモをもとに買い物をしているのを知った店主が母親に、書き物を持たせないのがいいのでは、と提案して以来、改善が顕著に見られるようになりました」

お使いに行かされたとき、二品目か、それ以上の品を覚えていられない子どもなどめったに存在しません。けれども店主は、この子のことを理解し、彼の置かれた状況をしっかりと洞察しています。専門家でもないのにこのような理解をする人達がかなりいます。改善が顕著に見られるようになっているという事実、それは、とりもなおさず改善の可能性があるという事実は、とても好ましい兆候であり、私達が目にする好ましくない過ちの多くは克服できる、と信じられるようになることを意味します。

「母親は、ふと気づくと、この子が架空の少年と問答しているのを見かけることがあります。彼が話をしているのは、たいてい男の子です。その時は、まるで浮浪児のように乱暴な言葉で、速いテンポでやりとりしています。そんな時の彼の表情は、生き生きとしていて、まるで戦っているかのようです」

多くの子どもは、空想上の子どもに語りかける遊びをするものですが、こんなに長い間話せなかったこの少年が、自分自身に対してだけでなく、他の子どもに対しても語りかける自己訓練をしているのは、とても興味深いことです。ロバートは、成人してから作家か劇作家にさえなれそうです。左利きの子どもは、芸術家になる傾向がかなりあります。この子の遊びと、彼が姉達と喧嘩をするという事実は、彼が少年との交わりを望んでいるのだ、と考えて差し支えないかもしれません。この子は、すでに女性に対するある種の恐れができていて、彼女達のパワーを過大評価するようになっているのかもしれません。とりわけこの子の母親が支配的な女性ならばなおさらです。この子は、明らかに生き生きとした想像力を持っています。ただし、臆病な子ども達にはごく日常的です。白昼夢の世界では、英雄のように勇敢で、勇気に満ちているのは、たやすいことです。実際には、彼は臆病で、そう信じるのは自分を傷つけることになりますので、想像上で征服者のようなつもりになるのです。私達がしなければならないことは、現実に勇気がある人間になれるよう道筋を示してあげることです。

「彼は、外で少年達と一緒に遊びません。彼が言うには、『外にいる子は、僕と遊び方が違うんだ。みんな喧嘩ばかりしているけど、僕は喧嘩が嫌いだ』とのことです。時々この子は、声を出さずにニヤニヤ笑い続けることがありますが、母親はそのことを不安がっています。こんなことが場面によっては高頻度で起きますが、しばらくすると、ほとんどなくなります」

彼は、臆病なため外で少年達と遊びません。また、母親が不安がっているニヤニヤ笑いは、母親の支配を弱められる道具なのです。おそらく、このニヤニヤ笑いは、母親が彼の思いどおりにしないときか、十分に彼を甘やかさないときに最も激しく起きるでしょう。

「この子は、就寝中起き上がり、いろいろなことについて独り言をつぶやき、やがて誰かに何かを訴えるでもなく、パッと横になり、眠りに就くことが時々あります」

多くの子ども達は、母親を自分のところに来させるために夜中叫び声をあげますが、この少年は、母親にほんの素振りを示すだけで満足しています。

「この子は、学校で友達を作ろうとしますが、すぐやる気を失ってしまいます。子ども達は、彼を避けるとか、悪口を言わないのですが。この子は、多くの教師に教わったのですが、名前を覚えているのは、直前の二人の教師だけです」

もし、甘やかされた子どもが簡単に友達を作れないとしたら、その子は、すぐ友達作りを諦めてしまいます。この子の記憶に関することでは、彼は教師が好きでないから教師の名前を覚えていないのです。このことは、記憶力の欠如ということではなくて、忘れたい気持ちの表れでしょう。

「この子が学校で回りの子ども達に話し始めたのは、ごく最近のことです。この子は、六歳で入学し、一年の前期を二回、後期を三回、二年の前期を二回、後期を二回、三年の前期を一回、後期を二回やり、現在は、三年の後期の二回目です」

この子が他の少年達に話し掛けないのは、これはまた、この患者がいかに孤独であるかを物語っています。それでも、彼は進歩し始めています。彼が六歳で入学し、後れていなかったのは幸運なことです。彼を何度も落第させていることは、その意図とは裏腹に彼を奮い立たせることにはまったく作用せず、私の理解では、彼がすっかり学校に興味を失ってしまう結果になってしまいました。彼に希望を与えることが私達の義務です。この実践の一つの方法は、学校で彼の成績が良くなくとも、少々ましな成績をつけてあげることです。この方針は、一般に考えられているほど誤ったものではありません。この子に悪い成績をつけることで勇気をくじくのは、ほとんど意味がありません。

私のお勧めは、彼がいくらか進歩を示すまで成績表をつけないことです。学校で彼が達成できると教師が確信できる、より易しい課題を彼に出してあげるのもよろしいかもしれません。教師は、この子が特別に興味を持っていることを見つけ出し、そのことに彼が取り組めるよう勇気づけすべきです。自分は本当に価値のある人間になれる、ということをこの子に示してあげるのが教師の課題です。公立学校でこのことを実践するのは、とても難しいことだと承知していますし、他の子どもも達にしてみれば、ロバートがひいきされている、と思ってしまうという反対意見が起きることもわかっています。

このことに対する私の答えは、次のとおりです。つまり、教師が特定の子に接するのをクラスのみんなが援助できるような気運が盛り上がらなければならない、ということです。もし、他の生徒たちがこの患者を援助する協力をするならば、そのことで患者は救われるでしょう。

「この子の筆跡は、七年生の筆跡に相当します」

ここにこの子の強みを持つ分野が一つあります。この子は、自分の手を使う訓練をしてきました。

これは、左利きの子どもとしての欠陥の補償です。それでありながら、この子は、特殊なハンディを克服したにもかかわらず、勇気をくじかれています。多くの人たちは、成功よりも敗北の影響を受けるのを好みますが、臆病な子どもの場合は、成功するよりも敗北する方がより高く評価されるのです。

「この子は、図画が下手です」

こんな話を聞いても、私は、ロバートの興味が触発されたら、絵を描いたりやデザインをしたりするロバートの能力がきっと著しく向上するだろう、と信じています。このことは、彼の視力が劣っていることとの補償の一つになるでしょう。教師は、学校で彼が眼鏡をかけている、と言っていますが、おそらくこの子は、眼鏡をかけるのが嫌いなので、自分の目を訓練しないできたのでしょう。

「彼は、読み方にも著しい遅れがあります」

これはよく知られていることですが、左利きの子ども達の中には、文字を逆さまに読む傾向があるため、読み方が遅い子どもがいます（訳注4）。おそらくロバートは、このタイプの左利きの子どもに入るのでしょう。私の教え子の一人であるアリス・フリードマン博士は、左利きの子どもは、字を読むとき、文字を逆転させたり、ねじったりするということを発見しました（訳注5）。左から右への移動は、右利きの人達には、ごく自然にできます。ところが、左利きの人達にとっては、右から左への移動の方が楽で、この基本的な傾向は、精神作用全体に及びます。

左利きの特異性を認められない子どもは、学校で多くの失敗を経験し、右利きの子ども達と読み方の競争をしても勝てないため、結果的には関心を持たれなくなってしまうのです。読み方・書き方の不運がその子が直面しなければならないあらゆる問題に影を投じますので、こうした子どもの進歩が止まるのは、不思議なことではありません。もし、ロバートが左利きに関連して読み方に欠陥があることで悩んでいるとすれば、私達には彼の訓練法を修正する試みが必要です。

「字を綴るとき、彼には三つほど変わった癖があります。この子は、単語は知っています。知ってはいるのですが、二つの文字をあべこべにするか、単語を知らないときは、ほとんど決まって『e』から書き始めます。教師は、この二つのことを左利きのせいだとしています」

私は、このことは絶望の兆候に過ぎない、何しろ彼はどうしたらいいのか知らないのだから、と受け止めています（94ページ編集者注）。

「一九二六年三月、彼は学年を決める検査を受けました。彼はその時八歳でしたが、精神年齢は四歳六カ月だと判定されました」

私達は、この少年が知恵遅れだという疑いがいかに大きくなるかを容易に理解することができます。しかし、知能検査は決定的なものではありませんから、私達なりの診断を中止してはなりません。私達は、過保護に育てられた子どもは学校での敗北が怖くてたまらないので、テストを受けるときに集中できない、だからこそ結果について信頼できない、ということを知っています。知能指数が低いということは、知恵遅れの子どもだけでなく、甘やかされた子どもの場合にもぴったり当てはまるのです。心理テストは、私達が他に調査を行って発見したものと一致したときにだけ妥当性があるのですが、このケースでは、少年の失敗は、母親に支えられたいという願望と、彼が深く勇気をくじかれていることによるのです。

「この子の知能指数は、スタンフォード・ビネー・テストによれば五十二で、基礎年齢は三歳、上限年齢は七歳でした。ハガティー読書テストによる読書達成度は、一年前期の子どもに相当します。ウッディー・マッコール混合基礎テストによる算数の達成度は、一年前期の子どもに相当します。この少年は、とても魅力的で快活、テストによく協力します」

最後の文章ではこの子が甘やかされていた他の理由がわかりますし、自分の魅力を利用するのに十分な知性を持ち合わせていることをも示しています。

「この子の反応時間は敏速で、注意力もしっかり持ち合わせています。彼は、自分がしゃべった最後の言葉を習慣的に反復しました。しかし、現在の教師は、彼がそうしていることに気づいていません」

言葉を反復するのは、不確かさのしるしで、ためらいどもることで時間稼ぎをしようとしているのです。この子の現在の教師は、この欠陥に気づいていないというのは、大いにありうることです。と言いますのは、教師は彼をそんなに押し付けていませんし、彼も教師を恐れていないからです。

「この少年は、強度の精神発達遅滞で、色や形を識別するのが困難です（この時眼鏡を掛けていませんでした）」

目に器官劣等性があるのは疑いようがありません。また、色盲であるかもしれません。形を識別できないという事実は、適切な訓練が不足していることを示しています。

「この子の数字に関する記憶は四歳児に相当し、また、思考に関する記憶は三歳児と同等です」

この情報を聞くと本当にがっかりしそうですが、知的な大人でも極度の緊張状態に置かれると、数字を数えることができなくなります。試験を受けているときのロバートの情動と態度は、この重要性を決定する際の大切な要因であることも承知しています。

「この子は、学年が設定されていないクラスに入ることを勧められていましたが、この子の母親が同意しなかったので、他の子と一緒に進歩の遅いクラスに入れられました。この子は、夢を見ないと主張しています」

もしこの子が夢を見ないとすると、この子が現在の状況にすっかり満足していること（訳注6）、完全に自分の思いどおりにして目標を達成していること、周囲に何の問題も感じていないことのしるしです。彼は、家庭でも学校でも安住してしまっているので、もはや何の努力もしないのです。

「最初この子は、子ども時代の思い出が何もない、と主張していましたが、次のように言っています。『小さな女の子がよく彼女の自転車に乗せてくれた』。このことは最近のことであるのに、この子は、まるでずっと以前に起きたことのように話します」

この記憶は、彼のパターンに適合します。つまり、この子は誰でも自分の奴隷にしたいのです。「この子の将来の夢（訳注7）。ある時は、自分で字を書けるくらい十分大きくなりたい。他の時は、父親のためにお店の掃除をしたい」

もしこの子が最初の将来の夢を自主的に表現したとすれば、彼が自分の欠陥を理解していて、将来それを克服したいと思っていることの好ましい指標ですが、第二の将来の夢は、彼は父親にも好かれたいと思っていることを示すものです。

「もう一つの将来の夢は、街中で遊びまわれるくらい大きくなりたい。お金を稼ぐために働きたくない。三つの願い（訳注8）を聞くと、大きくなりたい、強くなりたい、学科を勉強したい、を選びました。三つのうちの最初の二つは、全く自発的に口にしたことです」

この子が仕事を避けたいという将来の夢の中に、またしても彼が勇気をくじかれている様子が窺えます。この子の将来の夢に関して私の見解を申し上げれば、三つのうちの最初の二つは、どの少年にも当てはまる願いで、運動競技が重要な役割を果たしているアメリカではとりわけそうです。学科を勉強したいと思っていることは、問題がどこにあるかを示しています。

「家にいて本を読むか、それとも街に出て行くかを選ばせると、この子は後者を選びます。教師は、この子のケースを彼が大柄であり左利きであるための不器用さのハンディを持つ、勇気をくじかれた末子特有の症例だと信じています。この子の両親は、彼に責任を与えるよう、建設的な活動に注目するよう、彼の前で姉達をほめないようにと言われています。教師は、クラスで紙を配ったり、教室の換気をするような責任を彼に与えています。この子は合図にすぐに気づきます。最初、彼は手にした紙の分量を判断しかねていましたが、その後進歩が認められるようになっています」

この教師は、この少年を援助する最善の方法を採られました。これ以上のことはお勧めできないでしょう。私は、この子に彼の教育に関していくつか誤りがあったことを説明してあげたいところです。私は、彼が姉達のレベルに達することができると信じられるよう勇気づけたいし、母親に依存し過ぎていて自信を失っていたことをこの子に説明したいと思っています。私達は、すぐには実現できなくとも必ず成功できるのだということを、彼に確信させてあげねばなりません。水泳を習う喩えを用いることもできます。水泳を習うときは、最初の動きは誰でもぎこちないし、そうでないなら誰だって最初から泳げるはずです。最初はすぐに泳げないのですが、やがて泳げるようになります。私達は、彼が理解できる言葉を使った論法をこの少年に駆使しなければなりません。

この子はまた、遊び仲間と良い付き合いをしなければならないことを理解しなければなりません。

私だったら、この子を放課後あるグループか、クラブに入れるでしょう。他人と過ごす時間を多くし、母親と過ごす時間を少なくするためです。この子が読み方の特別な困難を持っていることを彼に説明し、彼がしっかりと読めるよう再教育しなければなりません。もし彼を失望の状態から救い上げられれば、この子は進歩を示すでしょう。ケース・ストーリーの最後のポイントでは、彼がすでに正しい路線上にあることが明らかで、教師は進歩に気づくでしょう。さらには、私達は母親と話をし、彼が知的な子であること、しかしながら母親が彼を自立させられるようになって初めて彼の知性を喜べるようになれることを説明しなければなりません。どうして甘やかされた子どもが問題の子どもの大多数の比率を占めているのかが、このケースの難しさから明らかです。

（編集者注）非常に多くの単語が『e』で終わり、この子が『e』で字を書き始める自然な傾向があるのですから、彼が左利きであるという重要なしるしがここにあるのではないか、と判断する正当な理由になります。

面接

母親が部屋に入って来ます。

アドラー先生：「私達はロバートのことについてあなたとお話がしたいのですが。私達は、彼が利口な子で、彼の困難は、あなたが彼に代わって問題を解決している限り自分で行動する必要がないと彼が思っている事実に大きく関係していると思っているのです。あなたは、この状況を打開することができます。それには、彼をより自立的にし、知らない人とも彼が関わるようにし、遊び友達の中で生活できるようにしてあげることです。時間が空いたときは、クラブか遊びのグループに参加させましょう。ロバートがあなたとずっと一緒にいるのは好ましくありません。彼は、どんなふうにあなたに影響を与えているかを知っているし、あなたから何を期待されているかも常に心得ているからです。私達は、この子が左利きで、左利きがとりわけ字を読んだり書いたりするときのような多くの問題の原因であるとも信じています。もし彼が正しい教えを受ければ、他の子どもと同じように字を読んだり書いたりできるようになるのですが、現在のところは、彼は勇気をくじかれていて、しょっちゅう失敗するので、続けてやることを拒んでいます。あなたは、彼が自分で洗ったり着たりできるようにさせてあげなくてはなりません。失敗したからといって、なじったりしてはいけません。この子がお父さんともっと親密になれるようにするのも好ましいかもしれません。ご主人にロバートにチャンスを与えるようお伝え下さい。お父さんが彼を数日旅行に連れて行って、彼の同士になるのもよいでしょう。お父さんが、彼はきっと成功できると信じていることを、言葉を尽くしてこの子に伝えなければなりません。これは私の意見なのですが、彼は正常な子ですし、もしあなたがお許しくださるなら、私が彼に今話をしてみて、彼がより自立的になれるよう影響を与えることができるかどうか、試してみたいのですが。

母親：「あの子はとてもビックリするでしょうね。こんなにたくさんの聴衆がいるとは思っていませんでしたので、私自身もビックリしました」

少年が呼ばれます。この子が部屋に入って来るなり、母親は「いらっしゃい、バスター」と言い、彼はまっすぐ母親のところに来て、母親に抱きつきます。

アドラー先生：「お母さんを守ってあげないといけないのかな？　お母さんは倒れたりしないと思うんだけど。お母さんは、自分で立っていられると思うよ。君は、お母さんからしょっちゅう支えてほしいのかな、それとも大人でありたいかな？（訳注9）」

ロバート：「大人」

アドラー先生：「君は一人で仕事をするのと、他の人に代わってしてもらうのと、どちらがいいかな？」

ロバート：「お母さんに代わってやってもらうのがいい」

アドラー先生：「君がお母さんを好きなのはいいんだけど、何でもかんでもやってもらおうと思っちゃいけないな。自分でもっとやれたら嬉しい気がするんだけどね。一人でやるのを始めなければならないよ。他の子ども達は、ずっと早くから始めてるんだよ。だから君は、始めたのが遅い分だけトラブルがあったんだ。君が何事も、そうだね、自分で歯を磨くこと、自分で洗うこと、自分で洋服を着ることを一人できっちりやり始めたら、自分の助けになるんだ。お母さんを煩わしてはいけないよ。自分でやれたら素敵だと思わないかい？　君は水泳を習い始めたんだって？」

ロバート：「そうだよ」

アドラー先生：「最初は難しかったのを覚えていない？　泳げるようになるのと同じように、今やるのはきっと時間がかかるだろうね。君がやることは何でも、読めるようにもなれるし、算数ができるようにもなれるんだ。だけど、続けなくちゃならないし、辛抱も必要だ。どんな時もお母さんに代わってやってもらおうとしてはいけない。君はきっとできると思っているよ。他の人達が君よりうまくできるからと気にしちゃいけない。君の先生は、君が最近どんどんよくなってる、とおっしゃっているよ。素晴らしいことだ。一緒に遊べる友達を作るのはどうだろうか？　クラブに入ることはどうだろうか？」

ロバート：「とてもいいことだね」

アドラー先生：「楽しいクラブにいる君とそのうち会えるんだね。そこにいる君は、遊んだり、話をしたりできていて、自立しているのがわかるんだ。お父さんと旅行に行くとしたら、それも素敵だと思うよ」

ロバートは、母親とともに退出する。

クラスでの討議

受講生：「左利きの人には右手で書くよう教えるべきなのでしょうか？」

アドラー先生：「私は、二つの理由からよいことだと思っています。第一には、私達の文明がことごとく右利きになっています。第二に、ある人がいつも左手ばかりを使っているとしたら、人目につきます。その人は、自分が人と違っているとか、人と不均等だと信じがちです。あなた方は、左利きの人達について、どちらかと言えば、好ましくない統計を見てこられたのは、疑う余地もないところですが、私の統計では、彼らの多くは、特に弱い右手を訓練してきた場合には、芸術的です。左利きの子どもを右手を使うように矯正するとどもりになる、という迷信があります。この迷信を深刻に受け止めてはなりません。なるほど、誤った方法で矯正を行い、その子が非難され辱めを受けたら、不適応をどもることで示すかもしれません。私は、子どもが本来右利きであるか、左利きであるかを教師が知っていることは、とても重要なことだと考えています。もし、左利きの子どもが困難に遭遇しているとしたら、その子がこれから何年も結果を引き受けなければならないにもかかわらず、その子に誤った対応がなされるのを知っているからです」

受講生：「先生は、中学校に入れるくらいの十歳の子どもが、両手を使いこなしていて、とても早熟だとしたら、こんなケースでどうなさいますか？　この子に右手で字を書かせようとすると、いらだって、泣き出して、『そんなことしたくない』と言います」
アドラー先生：「それは、訓練の仕方が間違っているからです」
受講生：「彼はピアノを弾くのがとても上手です」
アドラー先生：「あなたは、右手の訓練の際に彼のピアノへの関心を使おうとすればできますね。個人的に彼との利害関係がなくて、科学的な見地のみに限定してこの子に話せる人が訓練にふさわしいでしょう。この子はピアノを弾くことで両手の訓練ができるのですよね」
受講生：「先生は左利きの子どものための手を動かすトレーニングをお勧めになりますか？」
アドラー先生：「ええ、是非とも。多くの左利きの野球やボクシングの選手は、左手よりももっと右手を速く動かせるよう訓練しているのをご存知でしょう。成功はいつも、それを得ようとして努力する人にやって来ます。このことは、特に芸術分野で左利きの人に顕著です。ところで、このケースに戻ることにしましょう。ロバートの最大の問題は、彼の学業であることでしたね。彼がどうやって部屋に入って来て、すぐに母親にしがみついたか覚えていらっしゃいますか？これは、彼の全生活を表す特質です。つまり、彼は母親に支えてもらいたがっています。もし彼が私達の指示を実行に移せば、短期間のうちにどんなに進歩するかおわかりだと思います」
受講生：「先生は、ある状況のもとでは、こんな子に体罰を加えるのをお勧めになりますか？」
アドラー先生：「あなたには、あらゆる体罰に対して私が完全に反対の立場にいることを知っておいていただかねばなりませんね。私が用いる方法は、児童期初期の状況を知ることであり、また、説明すること、説得することです。このような子どもを叩いたりして、どんな望ましい成果が得られるのでしょうか？　この子が学校で失敗を犯したからといって、彼を叩く正当性はどこにもありません。彼が読めないのは、適切な訓練を受けていなかったからであり、彼を殴るのは、訓練効果を高めるものではありません。この子が失敗したら殴られるのだと知って、不快な状況から逃れるため学校をずる休みするような結果しかもたらさないでしょう。殴るということを子どもの視点から眺めてご覧なさい。そうすると、これは困難を増すだけに過ぎないことがお分かりになります。ついでに申し上げますが、子ども達を殴ることしか方法を知らないような人たちが、子どもを叩いたりするということもあえて申し上げます」

編集者注釈

アドラー先生のクラスでの症例研究会の後、編集者は数カ月間、この患者に面接し、治療を行いました。徹底的に検査を行ったところ、この子は、左利きの子ども達に特有の読書困難である重度の逆転読み失読症（訳注10）に罹っていることが判明しました。この子の左利きは、身体の左半身が完全に優勢であることだけでなく、あらゆる直感的な反応や、早期に形成された動作反応でも左利きの行為が優位であることで非常に顕著に観察できました。この子は、単語の内部構造についての概念を持たず、単語の字を逆転させ、足し算と掛け算を混同し、アルファベットの個々の文字の響きの相関関係についても実際上何もわからなかったのです。

編集者は、自ら考案した筋肉運動法でこの子の読書指導を行ったところ、治療開始二ヵ月後には同じ学齢よりもはるかに進んで本を読めるようになりました。この子が一人で相談に来るのを認めるよう母親を説得するのにはかなり困難を伴いましたが、子どもキャンプに参加させることについては、とうとう同意が得られませんでした。

このケースは、著しい進歩が認められたのですが、この子はいつも母親から抑圧を受けているようで、完全な自立は、望めそうもないようです。生得的な欠陥のせいではなく、母親の感情的な固着のためです。

第三章　犯罪への道

カールのケース

今夜私達が扱うケースは、八歳の少年の症例です。そのケース記録の最初の報告は、以下のとおりです。

「カール・T。年齢は八歳二カ月。小学二年の後期にいて、知能指数は九十八。現在の問題は、彼が家族や教師や他の子どもに嘘をつくことです。盗みを何回か働き、五歳の時から嘘をつき、物を盗んでいます。五歳になるまでは何も問題がありませんでした」

カールの知能指数が九十八だとすると、この子は知恵遅れではないと結論づけても差し支えないですね。嘘をつくことは、この子の不全感と弱さを示しています。子どもが嘘をつくと聞いたら、自分を自慢する嘘をつくか、周囲に恐れている人が誰かいないかどうか、真っ先に知っておくことが賢明です。おそらくこの子は、罰、叱責、屈辱を避けたいと思っているのでしょう。

ケース記録では、五歳の時から嘘をつき、物を盗んでいるとのことですが、それ以前は問題児ではなかった、と書いてあります。この観察が正しいとすると、この子の危機は五歳の時に訪れた、と仮定して構わないわけです。彼には劣等コンプレックスがあって、他者よりも自分自身により関心がある、と思われます。彼が盗みを働くということは、自分が侮辱されたと感じていて、非建設的な方法で（訳注1）自尊心を高めようとしているのです。

「母親は、この子の父親と結婚しなかった、と極秘で教師に伝えました。彼女の母親は、彼女がとても幼い頃亡くなり、十六歳の時に父親の友人に誘惑され、その人とは、その後二度と会うことがなく、その人が知らないうちに子どもを産みました」

私生児の共同体感覚を育てるのは、通常はとても困難なことです。現代の文明社会では、私生児として生まれることは、恥ずべきことだとみなされていて、そのような背景を持った子どもは、守勢の立場に置かれます。つまりカールは、困難な状況で育てられたのです。私生児の大部分は、長じて犯罪者、大酒飲み、性的倒錯などになります。というのは、彼らは生育上ひどいハンディを持ち、幸福への近道を約束してくれそうな不正な行動様式に惹かれるからです。この症例では、父親不在で、この少年は、共同体感覚を正常に育てるもう一方の正常な機会に恵まれていなかったのです。

「この子が五歳の時、母親が結婚した。継父には、カールより二歳年長の、彼自身の子がいました」

カールのトラブルは、母親が結婚した五歳の時に始まりました。おそらく彼は、適切な社会的関係を保っていた一人の人である母親がその夫によって奪われてしまった、と感じたのでしょう。彼は次の結論に達したと仮定してもいいでしょう。「誰も自分に関心を持ってくれない」

家族に姉が加わったことは、もう一つの複雑な要因になりました。母親は、この子の面倒も見なければならなかったのでしょう。おそらくこの女の子は、健全に発達し、父親に愛され、お行儀のよい子で、そのことがカールにとって困難を一層大きくしたのでしょう。とにかくこの子は、五歳に過ぎなかったのですし、彼の以前の経験は、新しい状況に直面するに足る勇気と強さを発達させるほどのものでなかったのです。そこで彼は、問題児になったのです。

「現在、二歳半になる妹と一歳半になる弟の、二人の子どもが他にいます」

これら二人の子ども達は、彼の立場をより一層狭くしています。どうやらこの子は、二人の子どもの方が実際のところ自分より両親に愛されているという、思い込みのパターンに入りきっているようです。

「この子は、二歳になるまでは母親と一緒に暮らしていました。その後母親は、保育所に働きに出ることになり、三カ月間、コネチカットの託児所に預けられました。託児所では恵まれず、家に帰ってきたときは、おびえていて、誰が近づいても逃げてしまうほどでした」

母親と一緒にいた二年間、おそらくカールは、母親だけに関心を持っていたのでしょう。託児所での経験は、彼の共同体感覚を発達させるのにいささかも役立ちませんでした。

「この子は、母親と六カ月間一緒にずっと暮らしていましたが、母親は、医者の子の面倒を見るために働きに出ました。カールは、近所の家に預けられましたが、それでも毎日母親と会えました。この子は、そこではとても幸せで、彼が五歳の時母親が結婚するまでその家で暮らしていました。父母とも救世軍のメンバーで、父親は、救世軍の楽団の演奏者です」

カールは、母親の近くにいるときだけ幸せでした。両親の職業は、彼らが極めて貧しいであろうことを証拠立てています。

「母親は、教師が彼女の面接をした最初から泣いて、『カールのことではどうしていいか分かりません』と言いました」

もし両親が彼のことで勇気をくじかれているとしたら、この子にとって非常に具合がよくないことがわかります。そうなると子どもは、望みをすっかり失うことで自分自身を正当化し、望みを失ったときには、共同体感覚は跡形もなく消滅してしまいます。

「この子が悪さをすると、父親はかみそりを研ぐ皮で彼を打ちのめします。この子は、規則正しく日曜学校へ行き、先週は、新しい日曜学校に出席しました。彼は、十五セント与えられ、十セントは電車賃、五セントは献金用でした。この子が出かけた後、母親は、彼がちゃんと電車に乗ったかどうかをいぶかり、この子を見届けるため街角に行きました。母親は、彼がお菓子屋から出てくるのを目撃しました。その店で彼は、なんとキャンディーを買うために十セント使っていたのです」

これらのことは、大切な事実です。と言いますのは、厳格な人が彼の周りにいる、とあらかじめ睨んでいたのが、そのとおりだったからです。お菓子屋は、差別されていると感じている子が手軽に自分の心を回復できる場なのです。こんな子どもは、自分の心を回復できる方法を多く持ち合わせていませんし、お菓子屋は、最もありふれた方法の一つです。

「彼は、女性教師にキャンディー一箱を持って遅れて登校しました」

教師が自分を好いてくれるようにと賄賂を贈ろうとしたこの事実から、彼が一時甘やかされていて、思いどおりにする喜びを覚えている、と断定しても差し支えないかもしれません。

「この子は、四ドル五十セントのお金を持っていました。彼は、そのお金は母親のものだ、と言いました。お菓子屋でもらったお釣りでした。女性教師は、そのお金を封筒に入れ、下校時まで預かりました。彼女は、彼にお金を返して、『このお金をお母さんに必ず返すのよ』と念を押しました。[昼食のため家に帰ってから] 一時に学校に戻って、『お金を帰したの』と尋ねられたとき、彼は『はい』と答えました」

どんな子どもでも、こんな状況で『いいえ』と言えるでしょうか。私達は、この子が盗みを認めるなんて期待できようがありません。

「ほんのしばらくして教師は、多くのクラスメートが新しい玩具を、何人かがお金を手にしているのに気づきました。カールからもらったのです」

この子は、教師ばかりでなく遊び友達にも賄賂を贈りたかったのです。このことから、この子が愛情と評価に欠けていると感じている、と結論づけなければなりません。彼が好ましくない行動をすること、問題児であること、除け者扱いされていることは、驚くにあたりません。ただ、カールにとってこれは、彼の人生の中心命題――「他者の方が自分より好かれている」――を確認することだ、ということに気づかなければなりません。

「教師が言うには、母親は彼を呼びつけ、どこでお金を手に入れたかを問い詰めたところ、最初は嘘ばかりついていたのですが、最後には、家を訪ねてきたおばさんから盗んだことを白状した、とのことでした」

この種のケースでは、教師は調査にあたってとても機転が利くようでなければなりません。最初に母親と話をし、他の子が彼の盗みのことを知らないように進めるのが賢明だったのです。

「カールは、二歳になるまでは正常で健康な子どもだったのですが、それ以後は、むしろ病弱気味でした。彼は日に何度も部屋を出たいと言います。母親は、彼を腎臓病だと疑って医者に診せたのですが、腎臓の疾患はありませんでした。彼は学校でしばしば自慰をしています」

これらの事実は、カールが教室で教師の注目を得たがっていることを物語っています。教師やクラスメートに賄賂を贈ることで注目が得られないと、彼は自慰をすることで注目を得ようとしています。

「この子は、ずっと毎晩おねしょをしています」

もしこれが事実なら、母親が彼にどうしたら清潔を保てるか教えなければならないにもかかわらず、その役割をしっかりと果たしていない、と確信できます。

「この子は、デザートをもらえなくなってしまいましたが、そんな罰を与えても、おねしょには何の効果もありませんでした。デザートを取り上げられてから六カ月になりました。『一週間おねしょをしなければ、二十五セントあげるよ』と約束したにもかかわらず、一晩たりともおねしょをしない日がありませんでした」

もし彼が母親から注目されたいと思っているとしたら、おねしょをするという母親に使う重要な武器を放棄させる方法は皆無に等しいでしょう。どうしたらこの子のおねしょを止めることができるでしょうか？　彼の目標は、非建設的な優越―注目の中心になる―の目標です。彼にしてみれば、このパターンに従わなければなりません。もしある方法でやめさせられれば、彼は他の方法を使って注目を得ようと一層努力するでしょう。このような子からデザートを奪ってしまおうとすると、彼は代わりにキャンディーを欲しがる欲求を強くするだけです。母親がおねしょを無理にやめさせようとすればするほど、カールの落ち込み感がますます強まるだけです。彼は、家族からずっと適切に評価されているという望みを持っておらず、ただどうしたら注目の中心でいられるかという方法だけ知っています。

「彼は、耳下腺炎とひどい百日咳に罹ったことがあります。二年前には胃を患い、一年間厳格な食事療法を受けました。それ以来病気に罹っていません」

子どもが丸々一年間厳格な食事療法を必要とする胃の病気をするというのは、尋常ではありません。デザートを取り上げるということで複雑化する食事療法を行うことは、この子の環境を興味深く映し出してくれています。

「この子の最も古い早期回想は、二歳の時のもので、この子が母親のお化粧道具を窓の外に放り投げたところ、子ども達が道路で拾って家に届けてくれたことです。『僕はとても小さかったので、罰を受けなかった』」

しつけの行き届いていない子ども達が、十分思いどおりにいっていないと感じるとき、窓の外に物を投げるというのは、珍しいことではありません。私は、数歳年下の妹がいる子のケースを知っていましたが、彼は、手にしたものは何でもかんでも窓から放り投げるのでした。不適切な行動を罰せられているうちに、彼はとうとう、不安神経症になってしまいました。不安神経症に罹ったために、窓から何かを放り投げてしまうのではないかという不安にばかり意識が向かい、この少年は一日中泣いていました。彼は、極度の恐怖状態で—それはもう一度手に負えない子になってしまうのではないか、というものですが—注目を得るもう一つの方法を見つけ出しました。

このように子どもを罰すると、その子は状況を本当には理解できないので、その子の状態を悪化させるだけです。子どもに家族の中で無視されているのか、それとも差別されているのかと尋ねるとしたら、その子はたいてい「いいえ」と答えるでしょう。しかし、その子がいつも、「もっとしっかり見て」という意味とも思われることをいつもしているのがおわかりでしょう。嘘をつくこと、自慰をすること、盗むこと、おねしょをすることはみんな、この子が誰かに見ていてもらいたいと思い、ないがしろにされることを恐れているために無意識に使っている道具なのです。

カールの一番古い早期回想が罰の観念と結びついていることに気づいておくことは、興味深いことです。彼は、罰を避けられた時期があったけれど、現在そんなことをやろうものなら罰せられるだろう、とでも言っているかのようです。私達は、殴られることに心から反発する子ども達がいることを知っています。そんな子を殴ると、彼らは自分に向かって、「もっと上手に立ち回って、見つからないようにしなければならない」と言うだけです。こうなると、犯罪歴を重ねる訓練を積むことに他ならず、この子のケースで私達が恐れているのは、まさにこのことなのです。

「この子の将来の夢は、医者になることです。この子の一番上の姉が看護師になろうとしていて、彼は姉と同じ病院に行きたいと思っています」

この子の本当の将来の夢は、最少の努力で他の誰よりも先に立つことです。彼が医者になりたいということは、この将来の夢を具体化する方法です。彼が病気であったこと、そのことでひどく苦しんだこと、母親が病院で働いていたことをもとにすると、医者になることは、カールにとって神様の近くに自分がいるのと等しいのだと、想像することができます。さらには、少なくとも一番上の姉と同等でありたいと思っていますし、病院では医者は看護師よりも高い地位にあることをすでに知っています。

年長の子を追い抜こうと努力するのは、第二子の典型的なパターンで、このことは、単純でありふれた物語ですが、カールの心の準備は、極めて具合が悪いものでした。

この子は、明らかに守勢に立たされていて、だからこそ、私達の治療の方向は、彼が次のように感じられるようでなければなりません。まず第一に、彼はきょうだい（姉、妹、弟）と対等であり、第二に、家族の中で低く見られていないのだ、ということです。私達は、彼が悪いことよりもよい行いをすれば、もっと重要な立場を得られるのだ、ということを説明することで治療を進めることができます。

父親には、かみそりを研ぐ皮を使って罰するのをやめて、この子と仲良くするよう教えなければなりません。救世軍に勤める父親ならこのアドバイスに耳を傾けてくれると思いますし、母親も、正しい方向に軌道修正してくれると信じています。

道は困難を極めると思いますが、カールの家庭が、絶望している母親と厳しい父親とこの子よりも気に入っているきょうだいがいる現状よりも将来幸福にならないことが明らかだとしたら、この子を現在の境遇から救って、より好ましい環境に置いてあげることが必要だと思われます。

私達は、現在の境遇では、カールが「自分は無視されている」と感じてさせてしまいがちだと、母親に説明しなければなりません。子どもはえてして、自分の状況を理解しないため過ちを犯しがちです。母親は、家族の中でこの子に影響を与える重要な役割を担っています。というのは、母親ならこの子に「認められている」と容易に感じさせられるからです。

私達は、カールに友達の作り方を教えてあげなければなりませんし、カールに「君がみんなに関心を持ち、誠実でありたいならば、賄賂を贈る必要なんかないよ」と、軽く言ってもいいかもしれません。

このケースは、特定の家族状況で犯罪が起き始める、非常にいい内容を示してくれています。私達がこの子が強奪する瞬間まで待って、犯罪人になる瀬戸際で食い止める、というのも全く建設的ではありません。今こそが、私達が関わる絶好のタイミングなのです。

面接

受講生：「先生は、この子の父親の宗教的な修養と実践がこの子が正反対の方向に行くのに影響を与えているとお思いにはなりませんか？　救世軍の人達は非常に厳格で、子ども達が日中犯した悪いことに対して罪の償いをさせます」

アドラー先生：「私は、すでに述べたこと以外にこの子の行動にさらに理由があるとは思えないのですが。あなたは、ケース記録を読み取るとき、実際には存在しないアイデアを持ち込まないよう注意しなければなりませんよ。もし、宗教的権威から来る観念のプレッシャーでこの子が苦しんでいる、と私が聞いていたとしたら、あなたのご指摘を考慮に入れるかもしれませんが、プレッシャーのことは、そんなに話題になっていません。ただ、あなたの解釈は傾聴に値するかもしれません。違った角度から見る場合ですよ。この子がもし、すっかり反抗的になりましたら、この子は、両親が最も敏感になっているポイントに狙いを定めて両親に攻撃をかけるでしょう（訳注2）。言い換えれば、彼は両親の宗教を攻撃するかもしれません。最近、ドイツの非常に優秀な社会学者が、ある興味深い統計を公表しました。彼によれば、犯罪人のある割合を法律関係の堅い職業に就いている人達の家庭が占めているのが目立っている、というのです。どうして裁判官、弁護士、教師の子ども達にこんなに犯罪人が多いのか、誰も説明できないでいました。私には、唯一説得力のある説明は、この点—つまり、親と争っている子ども達は、両親が最も敏感になっているポイントに狙いを定めて両親に攻撃をかける—にある、と思われるのです。医者の家族の中に嘘つきが多いというのも、おそらく同じ理由でしょう」

カールの母親が呼ばれているのですが、なかなか部屋に入って来ません。

アドラー先生：「この母親がためらっているのは、勇気が欠けていることを示しています。きっと彼女は、自分の息子の不始末についてみんなの前で話すのを恥ずかしがっているのでしょう。彼女が来られないのは、泣いているからでしょう。私達は、彼女を慰め、勇気づけられることをしましょうね。この中には、どうして私が彼女のところに行かないのか、と思っていらっしゃる方がいるかもしれません。彼女もそう期待していることを知っていますが、私はここで待つことにします。どうしてかと言うと、私の想像ですが、彼女は自分の息子のケースについて、私達がとても大変なことだという関心を抱いているのではないでしょうか。私は、この子の不適切な行動について、それがまるでごくありふれていて、簡単に直せるかのように、彼女に穏やかにお話ししたいのです」

母親が部屋に入って来ます。

アドラー先生：「多くの親や教師が過ちを悲劇的だとみなすことを承知していますが、カール君の場合は、特別なものだとは判断していません。子ども達が必ずしも正しい方法で発達できるとはかぎりません。私はある時、教室に入って子ども達に尋ねたことがあります。『このクラスで今まで一度も盗みをしたことがない人は誰かいますか？』と。そうすると、誰もが一度は盗みをしたことがあることがわかりました。先生もが物を盗んだことがあると認めました。ですから、盗みがとても恐ろしいことのように受け止める必要はないのです。とりわけお母さんがその子のことに絶望しているというふうにその子が感じているならば、その子は勇気をくじかれてしまうので、なおさらです。あなたがカール君に自信を与えるようになさり、『私はあなたの将来について希望を持っているわ』という思いが彼に伝わるように勇気づけされれば、状況は、ますますよくなるでしょう。家族の中で他の子どもに向かって彼はどんな行動をしますか？」

母親：「あの子は彼らをとても好いているようです」

アドラー先生：「彼は時々嫉妬しますか？」
母親：「あの子には腹違いの姉がいます。その子との間には少々嫉妬があると思います」
アドラー先生：「腹違いのお姉さんは、立派に成長し、とても明るくて、たいそう愛されているのと違いますか？」
母親：「はい」
アドラー先生：「私がしばしば見てきたところでは、家族の中で一人の子の成長が著しいとすると、他の子ども達は競合を恐れます。この状況を避けることは困難ですから、あなたがこの二人の仲を取り持つことができるならば、よろしいのではないかと思います。私には、息子さんが自分は好かれていないと思っておられるのがわかります。彼が不幸な状況にいるからこそ、嘘をついたり、悪いことをしたりするのです。『自分は許されるんだ。自分がどうして嫉妬し、劣等感を感じるのか、お母さんは理解してくれる』という印象を彼に与えてください。勇気づけ（訳注3）によって、彼は学校で今よりいい生徒になるでしょうし、腹違いのお姉さんと仲良くできるようになれば、あらゆる点でよい子になれるでしょう」
母親：「はい」
アドラー先生：「お父さんのことも頼りにしていますか？」
母親：「あの子はとてもお父さんのことを思っているのですけど、それほど親密には見えないのです」

アドラー先生：「お父さんには、カール君にチャンスを与えられるような見込みがあると思えますか？　一緒に歩き、自然や世界について語る機会を作ってあげてください。お父さんにはこの時間があるでしょうか？」

母親：「はい、夫はそうしてくれると思います」

アドラー先生：「この種の子どもとの非常に多くの経験を通して、私は次の信念を持つに至りました。息子さんが他の子どもたちと同じくらい愛されていると感じると同時に、息子さんの行動は大きく改善するだろう、ということです。彼の現在の行動は、彼が腹違いのお姉さんと同じくらい成長する能力に欠けていることを表していますが、彼が誤ってこう考えているとしても、どうしたらあなたの承認が得られるかを彼に示すことで正すことができます。それから、彼が過ちを犯したとしても、私ならあなたが今までなさってきたような罰を彼に与えないでしょう。あなたは今や、彼を叩くとか、彼のデザートを取り上げることに何の利益もないことを確信すべきだと思います。もし彼が再び嘘をついたり、盗んだりすることがあれば、『あなたは、また不公平に扱われたいと思っているの？　どうしてほしいのか言ってごらん』とおっしゃってください。こういう会話を通じて、カール君には大きな印象を与えるでしょう。こういうやり方で、彼がおねしょをしないで済むように援助できるとも思っています。誰かに世話してほしいと思っているので、子どもがおねしょをする、というのが私の長い間の経験です。ご承知だと思いますが、あなたが彼の欲求に寄り添って夜中に起きなければならないとしたら、彼は、『自分が赤ちゃんだったとき、今と同じようにお母さんが世話をしてくれた』と感じるでしょう。彼は暗闇を怖がりますか？」
母親：「何事にもぜんぜん動じないようです」
アドラー先生：「彼が悪い行いをするのは、両親の愛情をめぐってのお姉さんとの競争に勝てないので、あらゆる希望を失っているからだ、と考えるのは、おそらく間違いないところです。カール君を勇気づけしてもよろしいでしょうか？」
母親：「はい」

母親は部屋を出ます。

アドラー先生：「正しい手掛かりを見つけたことがおわかりですか？　腹違いの姉に対する嫉妬です。私達の手で彼を不快な状況から救えると思います」

少年が入って来ます。

アドラー先生：「私は、あなたが学校でよい生徒だと理解しています。もし、君が意識を集中して一生懸命勉強すれば、友達も先生も君を好きになるだろうね。もし、一生懸命勉強すれば、お姉さんと同じように学校でいい成績を取れること間違いなしだ。そうなりたい？」
カール：「はい」
アドラー先生：「君はお医者さんになりたいんだってね。とても素晴らしい職業だよ。私もお医者さんなんだよ。お医者さんになるためなら、自分のことよりも他の人にもっと関心を向けなければならない（訳注4）。そうすれば、人が病気になったとき、何が必要か理解できるからね。よい友達になろうとするのが先で、自分のことをあまり考えようとしてはならない。もし私が、自分のことを気に入ってもらいたいという下心があって、誰かにプレゼントをあげるとしたら、本当の友情は築けないけど、もし私がある人を好きで、その人に嘘をつかなければ、その人は本当の友達になってくれる。君も同じようにできると信じているよ。そこで、君がそうしてくれるかどうか、しばらく質問してみるつもりだ。確か君にはお姉さんがいて、君より年上だから君よりも少しばかり知識があるけど、当然だよね。君が叱られたり、罰せられたりしない行動をすれば、彼女にすぐ追いつき、彼女と同じように好かれるんだ。そうなると嬉しい？」
カール：「はい」
アドラー先生：「お姉さんのよい友達にもなれるし、彼女に関心を持てるに違いない。彼女は君のことが好き？」
カール：「そうだよ」
アドラー先生：「だったら簡単だよ。君がしなければならないことは、彼女が勉強をしているとき、邪魔をしないで、できるときは彼女の手伝いをすることだ。彼女がどんなふうに勉強しているかがわかるかどうか観察してごらん。そうして、同じことをするんだ。すると、彼女と同じようになれるんだ。君がお姉さんやお母さんから物を盗っても、ほんとは自分にいいことなんかちっともないよ。君は自分を抑えなくてはいけない。勉強をして、自分にどれくらい価値があるか、身を持って示さなくてはならない。私達は、時には不当な扱いを受けるかもしれないけど、自分達自身に不公平でないよう十分強くあらねばならない。他の人たちに関心を持ち、だましたりしないこと、これが人々の愛を獲得するよい方法なんだよ」

少年は部屋を出ます。

アドラー先生：「少年にはご覧のとおりお話ししました。彼が自分でどうして嘘をついたり、盗んだりするのか気づいていない、と確信しているからです。彼はすっかり勇気をくじかれ、さらには自分でも訳がわからないままに、自分の地位を確かなものにしようと、無我夢中で努力しているのです。今こそ両親は、この少年に対して他の子と変わらない愛情や好意を抱いているのだ、ということがわかるように対応すべきです」

教師：「父親は娘の方が好きだと言っているのですが」

アドラー先生：「父親には、好き嫌いを示さないように教えなければならないでしょう。また、この目的を実践に移すために、うまいタイミングでこの子を散歩に連れて行き、語らいをすることを提案します。カールが嬉しくてありがたい気持ちになり、『お父さんは僕に関心を持ってくれている』という事実をとにかく受け止められるようにです」

受講生：「もしもう一度、この子が嘘をついたり盗んだりしたら、母親はどうしたらいいのでしょう？」

アドラー先生：「母親はこう言ったらいいのです。『あなたは、お姉さんに負けないようになる望みを捨ててしまったの？ 私は、あなたがきっとうまくできると信じているの。嘘をついたり盗んだりしないでもね』と。とりわけ母親は、絶望してはいけません。この種の子どもは、後年よく自殺を図ることがありますが、私達は、そんな結果になるのを避けるようにしなければなりません」

第四章　リードしたがる少年

ジョンのケース

今夜は、九歳になろうとしているジョンのケースを扱いたいと思います。現在の問題は以下のとおりです。

「他の子ども達との間に問題を抱えています。この子は、いつも争いたがります。学校では授業の邪魔をし、バカなことをして認められようとしています。他の子ども達との協調が取れないくせに、いつも目立ちたがっています」

もしある少年が他の子ども達との間に問題を抱えているとしたら、共同体感覚が欠けていると思われます。もし注目を得ようとして争うとしたら、建設的な方法で人生の問題に直面するほどの勇敢さがない、と受け止めていいかもしれません。

「両親は、学校で教師がトラブルを抱えているのと同じように、家で大きな問題をいつも抱えています。この子はとても腕白で、言うことを聞きません」

ジョンが家と学校の行動に変わりがないとすると、彼は二つの状況を同じように捉えているのが明らかです。従って、彼は家でも学校でも適切に評価されていない、と結論づけられるかもしれません。彼がとても腕白ですぐに言うことを聞かない、ということは、驚くほどのことではありません。と言うのは、反逆者が従順になるとは期待できない。つまり従順になってしまうと、反逆者ではいられなくなるからです。

「母親によれば、彼が赤ちゃんの頃、十六カ月間非常に厳格な乳母がいたそうです。誰も、父親でさえも、六時を過ぎると彼の部屋に入ることを許されませんでした」

両親同様乳母も厳格だったのが明白です。で、彼が眠っている間子どもの邪魔をしないのが賢明ですが、目を覚ましていても、どうして顔を見ることすら許されないのか、理解に苦しみます。この子は、明らかにこの一人の乳母とだけ関係を保っていて、その上彼女が彼の共同体感覚を育てるスキルが欠けていたため、彼はある程度不利な状況下で大きくなったのです。この点は、後ほど彼の最も古い記憶を学ぶとき調べてみることにしましょう。

「家族布置は、父親、母親、この患者、それに三歳になろうとしている妹がいます」

これはごくありふれた家族布置です。この子はもうじき九歳だとすると、長い間一人っ子だったわけです。この子の反抗的な態度が妹の誕生に起因する、と考えるのは的を射ていない気がします。むしろ一人っ子の特性を発達させてきた、と考える方が妥当だと思います。この子がどうして注目をふんだんに得ようとして争う必要があるのかを理解するのは、少しばかり難しいことです。おそらく状況を悪化させる何かが彼の人生で起きたのでしょう。

「両親間の関係は、特に問題がなく幸福です。父親は、この子が言うことを聞く唯一の人です。以前は極端に厳格で、この子が悪いことをすると、激しい罰を加えていました」

結婚が不幸であると、子どもの社会性の発達を妨げることが分かっています。その一方で、両親の仲が良過ぎると、子どもは赤ちゃんの立場に長いこと置かれるかもしれず、親に対する危険な劣等感を身につけてしまう可能性があります。親は、子どもの前でお互い過度の愛情を示し合ってはいけません。もしジョンが父親にだけ服従するとしたら、母親が弱いため子どもが彼女を攻撃対象として選んでいる、とも考えられます。

罰は、共同体感覚を妨げる点においては、私の知る限り最悪のやり方です。ジョンは、乳母と母親に対しては、ある種の共同体感覚を発達させたのだけれども、体罰を加える父親との間には、絆を確立できていない懸念もあります。この子は、実際のところ、父親を憎み始めていて、父親がどこかに行ってしまうか、死んでしまうことを願っているかもしれません。このような態度は、常に不適応―フロイト派のいわゆるエディップス・コンプレックス（訳注1）―の結果で、人為的な問題です。エディップス・コンプレックスを育てようと思うならば、子どもに罰を与えれば可能ですし、エディップス・コンプレックスにならないようにしたいのであれば、それぞれの親に対する子どもの共同体感覚を育てればいいのです。

「この子は、母親と二人だけになると、腕白で厄介です。母親はとても神経質で、子どもが彼女の言うことを聞かないと、落ち込みます。子どもは母親といると、すぐにわがまま放題にできることを知っています。母親は、お手上げ状態です。そのため父親が、子どもの訓練と躾の全責任を負っています」

ジョンの母親が子どもの前で苦労や痛みについて不平を言うのは、思慮に欠けます。子どもはいつも母親より強いし、強い人間と争うのは無駄なことです。母親が「子どもが自分の言うことを聞かない」と言うとき、これがどういうことなのかわかりません。おそらく彼女は、彼に過大な要求をしているのでしょう。子どもが犬のように服従するのは、決して好ましいことではありません。親子間には仲間のような関係がなければなりません。私は、理不尽な、盲目的な服従を主張する親を沢山見てきました。この母親の行動は、子どもに対してなす術が全くないことを宣言し、全責任を父親に転嫁している、希望を失った人の行動です。

「小さな女の子は、とても利発で、従順で、愛らしいのです。両親は、この子が小さいのにいかに注意深く従順であるとか、彼女の行動をお手本にするようにとか、しばしばジョンに気づかせようとしています」

もし家庭で一人の子が言うことを聞かない場合、他の子どもの行動がお手本となることがかなりあります。従順な子どもは、必ずしも生まれつき親切で善良なのではなくて、ただ単にご機嫌取りをするのが有利であることを学んだ日和見主義者なのかもしれません。私には、ある家族で下に女の子が生まれて、娘がものすごく反抗的になった例が記憶に残っています。この妹は、自分が望むものを何でも手に入れることが最善の方法だと覚ったために、いつもとても可愛くて、両親からすごくほめられ、模範的に振る舞う子どもになりました。しかし、この妹が学校に行くようになると、自分の思いどおりに振る舞うことができず、失敗を犯す勇気がなかったので、それからというものあらゆる問題をめぐって争う過ごし方をしました。友達もいなくて、仕事にも就かず、恋に陥ることもできず、結婚する機会も逸しました。模範的な人間になりたい、注目の中心になりたいという願いに通じる建設的な道筋を見出せなかったので、あらゆるものを塵一つないくらいきれいにしておこうとむなしい努力をすることで、自分自身を表現する強迫神経症で苦しむようになりました。世の中で自分こそが最も純潔かつ清潔だと感じることで、彼女は優越性の目標を達成し、自分に近づき接触する人はどんな人であれ自分を汚す人だ、と思い込んだのです。

ジョンのケースでも、おそらく妹は模範人物のパターンを満喫し、たぶんそれも、共同体感覚からではなく、お気に入りになりたいという誇りの感情と野心からそうしているのでしょう。それにもかかわらず、この少年が妹を気に入っていると聞いても、私達は驚くにはあたりません。反対に嫌っていると聞いても、ビックリするべきではありません。両方の状況がこのようなケースではあり得ます。

「ジョンは、両親が妹をほめることを不快に思っていないようです。彼は、『妹は可愛くて、大好き』と言っています。母親は、この子が妹に悪いことを教えて、可愛さを台無しにしてしまうのではないか、と心配しています。妹にはもうすでに、しかめっ面をしたり、彼の真似をしたりするのが見られます」

ジョンは、妹が可愛いのを不快に思わないでしょう。自分の戦う態度の方が彼女の可愛さよりも優れたテクニックだと思っているからです。服従することよりも戦うことでもっと力を得ることができる、と知っていて、小さな女の子がまるで自分に同調しているとでも思っているかのようです。

「母親と父親は、共同経営の、立派なお店を一軒持っています。母親は、朝九時に家を出て、夕方六時半に帰ります。その間、メイドと乳母に家の世話を任せて、二人の指揮にあたっています。家は、手入れが行き届いていて、趣味のいい調度品が配置されています。部屋は六つあります。ジョンと妹は、同じ部屋で、違うベッドに寝ます。乳母は、子ども達と同じ部屋で寝ます」

このケースでは、子どもの躾は、だいたい乳母に任されているようですが、一人の子どもが反抗的になると、その子は乳母をなおざりにします。お金で雇われているのを知っているからです。子ども達は、親と使用人の差にすぐに気づきます。おそらくジョンは、いつもその乳母を支配してきたでしょう。そして今、家の人すべてを支配したいと思っているのです。

「ジョンの出生は正常で、体重はその時七ポンド半（三四〇〇グラム）でした。生まれてすぐからミルクで育てられました。風疹とジフテリアと耳下腺炎に罹ったことがあり、扁桃腺を取っています。すぐ疲れるのと、神経過敏なのと、筋力が乏しいので、神経科の病院に連れて行かれました」

ここに医学上の問題がいくつかあります。ミルクで育てるのは、赤ちゃんの養育上最善の方法ではありませんが、申し分なく発達した、ミルクで育てられた子ども達を知っています。貧血気味の、栄養不良の子どもは、筋力が弱く、すぐに疲れるのですが、ジョンがそのケースに当てはまるとは思いません。子どもにも大人にもこの種のタイプの疲労がありますが、彼らには多かれ少なかれ人生の要求に対する防衛として疲労が見られます。私の思いとしては、これはこの子が勉強や遊びに関心が欠けているからだ、と受け止めています。この子は、母親と争う場合、そう簡単には疲れそうに見えません。

「ジョンは、ちょうどいいタイミングでものを覚えないようです。服を着るのにいつも時間がかかります」

共同体感覚が発達していない子どもは、協力することを拒否するので、注意を払うことや集中することをしません。ですから、記憶力が不足しているのは、他者への関心が欠けている結果そうなるです。第二のポイントは、明らかに彼が甘やかされた子ども（訳注2）の証です。このタイプの子どもが、着ること、食べることのような問題を引き起こすのです。このことは、いわゆる厳格な乳母の一人に我がまま放題にさせてもらい、その後厳しく躾られたせいかもしれません。乳母を交代したことは、この子を反逆児にするのに大きく影響したのかもしれません。

「この子は、着替えをするときぐずぐずするので、誰かが手伝って時間に間に合わせなくてはなりません。この子は、学校によく遅れます。着替えに手間取るのと、新聞店に立ち止まって、新聞の見出しを読んでいるからです。この子は、九時にベッドに入るのに、朝から疲れています」

もしジョンが学校に定時に着きたいなら、素早く着替えることでしょう。しかし、彼が直面したくない問題こそ学校なのです。この子は、自分が支配できる状況を探しているのですが、学校は該当しないのです。それで、朝しっかりと目を覚ますとなると、「学校に行かなくてはならない」ことになるわけですし、ためらったり、疲れたりしているように見えることは、彼が現実に直面するのに気が進まないことの最良の表現だからです。

「この子は、父親のことを母親と同じように好きだと言っています」

信じられませんね。もし皆さんが子どもに「お母さんとお父さんとどっちが好き?」と尋ねたら、その子は「どっちも好き」と答えるものです。子ども達は、通常そう言うように教え込まれていま す。万一そう教え込まれえていないとしても、気が利いた子ならば、一方の親を嫌いだ、と言うのはよくないことだと知っています。もしその子がどちらの親を好いているかを本当に知りたいと思うなら、質問なんかしないで、その子の行動を観察すればいいのです。

「この子は、自分に厳格な父親の言うことだけを聞きます。他の誰の言うことも聞きません。母親は、彼に寛大過ぎて、彼を甘やかしています。母親は、学校で毎日いい子でいるよう懇願していますが、この子は一切注意を払いません」

母親の懇願は、涙やかんしゃくと同じように全く役に立ちません。この子の目標はしっかりしていて、自分が特に気に入らない状況は何でも回避するのが、この子のパターンなのです。支配できない状況に留まっているのこそ、彼の最大の困難です。母親が懇願したり泣いたりするのは、何の役にも立たないでしょう。この子は、不快な状況に追いやられれば追いやられるほど、押し返すのです。子ども達は、説得されて前進するように見えることがありますが、いつも決まって失敗します。と言うのは、子どもの本当の目標が、強制されている行動と一致しないからです。

「母親は、自分といるときはこの子が好きなことができると知っているため、自分の他に人がいないと、言うことを聞かず、腕白し放題だ、と言っています。妹と遊ぶのは好きですが、乳母のことは嫌っていて、時々彼女にひどいいたずらをすることがあります。先週この子は、彼女の口をめがけて水鉄砲を打ち込みました。父親は、この子に罰を与えて、水鉄砲を就寝時に持たせないことにしました。この子は、生活するのは楽しいことばかりだ、と思っています」

この子の共同体感覚の最も確かな指標が、使用人に対する彼の関係に表れています。この子が生活を深刻に受け止めていないこともわかります。これは、甘やかされた子どもの行動パターンにぴったり当てはまります。もっと程度がひどかった他のケースを思い出します。ある少年は、学校で何が起ころうとも、いつも冗談を言ったり、笑ったりしていました。教師が質問しても、彼は笑ってばかりいて、答えることができませんでした。教師は、この子が知恵遅れだと思って、この子を私のところへ連れてきました。しかし、私がこの子の信頼を得たら、彼は自由に私に話し掛けるようになり、言いました。「奴らが俺を馬鹿にしたがるのを知っているんだ。学校ってのは、子ども等を馬鹿にするために親達が作ったんだ」。子ども達を馬鹿にしてはいけません。今取り扱っているケースでは、この少年の態度が由来するところは、小さな子どもの頃からこの子を馬鹿にしてきた両親にあるのです。この子は争うのが好きな子でしたから、両親が真面目になるように望んでも、受け付けなかったのです。このタイプの人は、世界が全く面白くないとわかると、大きくなってから自殺するかもしれません（訳注3）。

「ジョンは、四六時中遊びたがっていて、学校では間抜けでありたいと思っています。彼の望みは、教師を困らせたり、悩ませたりすることです。彼には、責任に関する感情もなければ、他者の権利を尊重する感情もありません。クラスの中には、友達もいません」

今や皆さんは、クラスの責任と義務を回避し、同時に注目の中心でい続けるためにこの子が高度なテクニックを身に付けていることがおわかりでしょう。実際、彼のライフ・パターンを理解すると、責任に関する感情と他者の権利を尊重する感情を持たないということは、彼がとても頭が良いと認めざるを得ません。ジョンの生育歴の事実をすべて知ったにもかかわらず、彼が学校に行きたがっていると私が聞いたとしたら、私は彼の頭の程度を疑うでしょうね。

「彼のクラスメートは、彼を厄介者とみなしています。彼はいつも他者をうるさがらせたり、押したり、彼らの足を踏みつけたりします。彼は、他の子ども達に足をかけたり、近くに来た子どもと喧嘩しては楽しんでいます。私はいつも、この子を私の机の隣に座らせていました。彼の行動をコントロールできるよう、いつも最前列にいるようにさせました。彼は、階段を降りるのがとても下手なので、つまずかないか、落ちやしないか、誰かを怪我させたりしないかと、いつも心配です。この子は筋肉の使い方がとても下手なようです」

この報告から、ジョンがポイントを稼いでいて、自分自身を教師の征服者だと見ているのがきわめて明瞭になっています。私は、一貫したやり方でトラブルを引き起こしている、とても甘やかされた子どもをたくさん見てきていますが、とても甘やかされていてバランスが取れない子どもには、ほとんど出会ったことがありません。おそらくジョンは、他者を笑わせようとして不器用な子どもの役を演じているのでしょう。その一方で、しっかり歩けない子ども達がいます。誰も彼らに対してきちんと歩けるように訓練する方法を理解していなかったからです。また子ども達自身も、人に頼るということが自分達のパターンにそぐわないということで、習うことに関心を持っていなかったのです。

「この子が路上で遊ぶ友達は、キャンプで出会った五人の子ども達です」

路上で遊んだり喧嘩したりする場合、この子が筋肉の使い方がとても下手だということがあり得るでしょうか。この子は、一人っ子のパターンを身に付けてきたので、年上の子どもの仲間に入るのを好むと期待せざるを得ません。このことは、いつでもそうだとは限りませんが、一人っ子が年上の子ども達の仲間に入っているのが普通です。たいていの問題を避けてきた子どもにこんな不思議な勇気があるだろうか、とお思いになるかもしれませんが、彼が年上の子ども達と行動するなら、彼らが自分を攻撃しないと思っているのでそうしていると、私は信じています。

「この子は、自分の身近に来る他の子どもといつも喧嘩しています。この子は、ことのほか喧嘩が好きで、いつも喧嘩を人のせいにしています。彼は、学校の子ども達との喧嘩が激しいので、午後学校が始まる十分前まで彼を家に留めておかなければなりません。他の子どもの親達から苦情がたくさん寄せられているからです。この子は、泥棒ごっこや路上での他のゲームが好きです」

このことは、英雄の安っぽい物真似でしかなく、勇気とはかけ離れたものです。

「この子は、刑事が泥棒を捕らえる推理小説が好きです。幽霊の物語やミステリーを好み、多量の本をとても素早く読みます。彼は、クラブには所属していません」

私達は、豊富な証拠をしっかりと手にしました。つまり、そのパターンが正・不正の両方の手段を用いて注目の中心でい続ける、育て方を誤った子どものことだ、と断定してよいケースです。

「この子は、五歳半の時からキャンプに参加していて、スポーツが好きです。彼がとても腕白なので、キャンプの責任者は、彼を家に返したいと思いましたが、カウンセラーは、特にこの子の声を聞くと無邪気にしゃべるので、この子の頭の良さを気に入り、この子を返さないよう弁護してくれました。このカウンセラーは毎年、彼の寝床作り、テント清掃等を手伝っています。この子は、キャンプでだらしなかったり、遅れたり、言うことを聞かなかったりしていますが、どこへ行ってもうまく責任逃れをしています」

私は、子ども達のためのキャンプを大いに気に入っていますが、もし子どものライフ・パターンがすでにしっかりと確立されているならば、それを変えるのをキャンプに期待することはできない、と申し上げなければなりません。もし、子どもを完璧に理解する人がキャンプにいれば、こうした変化はあるかもしれませんが、子どもの悪い行動がキャンプで必ず改善されると信じるのは、愚かです。ジョンは、ずるさと見せかけの無邪気さという好ましくない資質を発達させることで、キャンプでも非建設的な優越性と依存性の目標を達成しているのです。

「この子は、非常に優越した一般的知能を示し、算数の問題を解くのが好きです。彼は学科が好きで、自分でマスターできる科目ならなんでも進んで勉強します」

これはとても良いレポートです。おそらくこの子は、算数の出来が良かったので、算数の成績がますます良くなるのに興味を覚えているのでしょう。私は、この子をきちんと満足させ、そうして価値のあることに関心を持たせられれば、彼の問題を解決できると信じています。状況を先送りすることは、適切な方法だとは思いませんが、私達の考え方に彼を引き入れることで始めていかなければなりません。自分の人生の関心が責任を回避することだ、という考えをこの子は持っていないわけですから、この子に罪はありません。

「この子は、知力面では身体年齢よりも一年ほど進んでいます。一年のAクラスでは、この子は、教師を気に入っていて、学習に関してとてもうまくいっていました。行動面ではB、学科はAの評価でした。一ヵ月後、彼は上のBクラスに上がったのですが、一年のBクラスでは、教師を気に入らなくて、行動面がD、学科がBでした。二年のAクラスでは、行動面がC、学科がA。二年のBクラスでは、行動面がD、学科がA。三年のBクラスでは、学科が落ちて、行動面がD、学科がCでした。この子の最も得意な科目は、読書と算数です。最も不得意な科目は、運動筋肉調整テストが十歳と査定されたのですが、体育なのです」

この子の筋力が弱いことに関して器官上の理由がないように思われる事実は、ここ子が特に体を動かすことに興味がないので、あえて不器用な子どもの役割を演じている、という私達の信念を正当化してくれています。この子はきっと、体育館で非難されたのでしょう。

「この子は、すぐ疲れてしまい、少し授業を受けたら横にならなければなりません。筆記の際は、インクを使用するのを認められていません。自分がインクを持っているのをひどく自慢するからです。この子の答案は、非常に汚いし、図画は下手です」

授業を受けたら横にならなければならないというのは、教師に対して遊んでいる、一種の冗談かもしれません。

「この子は、クラスを乱す行動をするということで、しょっちゅう校長室に連れて来られます。校長は、ジョンが笑顔を見せないで本当に悲しい顔をしているのをとても望ましくないことだ、と言っています。この悲しげな表情は、無邪気だとアピールする彼なりの方法です」

ジョンが校長室に二度も三度も連れて来られたのが望ましい効果をあげなかったならば、そんなことはやめるべきだったのです。笑顔を見せるということは、さまざまな情動の表現かもしれませんが、この特殊な反逆者から笑顔をたくさん引き出そうとするのは、無駄なことでしょう。この子の役割は、誤って告発された無実の人のそれなのです。

「何か不適切な行動のことで叱られると、この子は、赤ちゃんのような穏やかな声を出します。その行動を言葉の限りを尽くしてしゃべり続け、息を継ぐ暇もないほどです。行動の言い訳の材料には事欠くことがなく、自分の弁解のためにしばしば嘘をつきます」

この子は、ずっとしゃべり続けることによって、おそらく上長者を打ち負かそうと望んでいるのでしょう。この子のずるさは、父親の折檻を避けようとして身に付けたものです。

「この子は、一九二八年一月に大学の一つで検査を受けるように連れて行かれました。これはその結果のあらましです。『身体的には、身長・体重とも正常以上。視力は近視であるが、眼鏡使用により補正可能。歯科の治療を要す。精神年齢は、十歳三カ月。運動筋力と対人関係の認知力は、十歳レベル。理解力は四年生のAレベル。算数の理解力は五年のAレベル』」

この検査結果を聞くと、この子が器官の欠陥に冒されていて、さらに勇気づけが欠けているため適切な補償が機能していないというヒントが得られます。

「父親の主張によれば、ジョンは、五時に外から帰って来ることになっているのですが、命令に従わず、きっかりに帰って来ません。彼の遊び仲間は、『今日の遊びはここまで』と宣言が出る前に帰ると、六十発もパンチを受けるのです。もちろんジョンは、殴られるのよりも殴る方を好んでいるでしょうから、決められた五時を過ぎてもその場にいます。この子は、両親から『こうするように』と言われたことが頭に入らないのです。父親は、ジョンがとても頭が良いにもかかわらず覚えないことが理解できないでいます。ジョンの友達は、小遣いを五十セントもらっているので、この子も同じ金額を欲しがっています。この子の両親は、彼に家で必要な物は何でも与えているし、お金の無駄遣いをさせたくないと思っているので、彼がそんなにたくさんお金を欲しがるのが信じられません。ジョンの友人達は、彼と一緒に日曜学校へ通っていたのですが、友人達が行かないことに決めてしまったので、彼も行きたくなくなっています。この子の両親は、彼が宗教教育に出席している、と主張しています」

これらの事実は、ジョンは重要な役割を果たせる遊び仲間といる方がずっと幸福だ、ということを表しています。この子は、両親の要求することが自分のパターンに合わないので、両親の言うことが頭に入らないのです。

「父親は、ジョンが行動面でよい評価が得られることを強く望んでいます。この子は、毎日行動を記録したカードを持ち帰っていて、また、父親は評価が良いと、彼に賄賂を与えています。ジョンがBを取ると十五セント、B⁺だと二十セント、Aだと二十五セントです。しかし、Cを取ると十セント、Dだと二十五セントを父親に払います。最近ジョンは、Dの評価をもらって来ました。すると父親は、彼を叱って、麺棒で彼を軽く叩いたらどんな感じかをほんのちょっと味わせてやり、またDを取ったら鞭で激しく打つと約束しました。運悪くジョンは、ちょうどその日、再びDを取って帰って来ました」

父親は、意図は立派ですが、表面的な働きしかしていません。子どもに良い子であって欲しいと賄賂を贈ることは、その子が約束を守ろうとしないならば、無駄なことです。子どもにとって体罰が有害無益であるというのは、誰にも明らかです。

「学校では、学科の成績はとても良いのですが、行動面は、教師をひどくいらいらさせるばかりです。独り言を言ったり他の子に話し掛けたり、注目を引こうとして道化役を演じたりして、クラスの学習を妨げます。机の上をごちゃごちゃ散らかし、何冊かの本を椅子の上や床に置き、紙をあたり一面に撒き散らしています。書き方が非常に乱雑で、朝学校に来たときはきれいに片付けられていたのに、まるで一日が終わるときの彼の身の回りのようにぐちゃぐちゃです。他の子の父親は学校に来て、次のような苦情を言って帰りました。その父親によれば、ジョンが自分の子と喧嘩をする、と脅し、放課後街角で待ち伏せすることになっているので、その子はジョンに攻撃されるのが怖くて学校に行けない、と言うのです。クラスの子ども達は、ジョンを嫌っています。ジョンがいつもリーダーになりたがり、他の子には権限を与えようとしないからです」

これらのことは、前に検討したパターンをさらに裏付けるものです。もしこの子が戦い上手だとしたら、筋力が乏しいということはあり得ないはずです。

「この少年は、路上でいつも五時まで遊び、それから父親の店に行き、そこに六時までいて、それから家に帰って夕食を食べます。乳母が『赤ちゃんが寝たわよ』と言うまで台所で本を読み、それから九時にベッドに入ります。雨の日は、父親の店に行って、本を読みます」

この子が本を読む理由は、彼は現実が嫌いで、本の中の英雄と自分自身を同一視できる空想の世界にふけりたいからでしょう。

「家庭内の教育や躾は、極めて不適切でした。両親とも彼を甘やかしてきました。放課後は一人ぼっちにさせられ、悪い習慣を身に付け放題でした。悪い仲間と群れる心が備わりつつあるようです。この子は、暗闇を怖がることもないし、眠っていて叫び声をあげることもありませんが、ベッドではとても落ち着きがありません」

ジョンが暗闇を怖がらないというのは、間違いです。彼は、日中だけでなく夜中でも、母親なり乳母をたやすく自分に注意を向けさせられるからです。

「この子は、警察官か医者か弁護士になりたいと思っています。警察官は、泥棒を捕まえられるし、医者は、ガンに罹った人（彼の祖父はガンで死にました）を治せるし、弁護士は、もめごとを抱えた人を助けられるからです」

今日では、ガンを治すというのは、英雄的な行為です。彼の願いを述べたところからすると、この子には、仲間と群れる行動のイメージにぴったりする、ある程度の共同体感覚が備わっているようです。街の子ども達は、ある種の正直な伝統を持っています。彼らは、お互いに誠実なのです。この子が遊び仲間に所属している事実は、この子にとってとても有利なことかもしれません。泥棒よりも警察官を選ぶということも、それを確信させてくれます。ジョンの記録は、全部真っ黒ではありません。彼の発達には、ある良い面もあります。この子の主な問題点は、彼が力点の置き所を間違ってきたところです。この子は、喧嘩をすることが、唯一知っている重要性を獲得する方法だったからなのです。私達は、この点から治療を進めていかなければなりません。私達は、両親に話をして、父親に彼を折檻しないで、彼と仲良くするようにアドバイスすることにしましょう。両親が彼と一緒に旅行をして、お互いに理解し合うことが望ましいでしょう。

この子ばかりでなく両親にも、ジョンの目標が注目を引きつけようとしていたことだ、と気づかせることが極めて重要です。そうすることは、この少年に関しての方がより難しいでしょうし、この子自身の人生の目標を納得させるまでには、いくらか時間がかかるでしょう。私達は、この子を援助するために自由にできるあらゆる手段を駆使しなければなりません。幸いなことに、彼の先生がここにお見えですし、彼女が大いに援助の手を差し伸べて、この子の行動を彼に説明し、彼をより良い方向に導くであろうと確信しております。

面接

受講生：「もしこの子が目標を知らないでいたら、どうやって彼はそれがわかるようになるのでしょうか？」

アドラー先生：「私達は、この子の心を鏡に映し出すことによってそれに取り掛かります。私達には、彼の態度を彼に見せてあげることともできるし、彼の態度を私達が作る他の画像と比較することもできます。もし私達が、彼自身にありのままの彼の姿を実際に見せてあげることに成功すれば、彼が不適切な行動をしているうちに、彼がそのことについて考える時がきっとやって来て、不適切な行動の度合いが弱まるでしょう。そして、一たびこの子が自分の行動の理由を完全に理解したら、彼は違った子に変身するでしょう」

父親と母親が部屋に入って来ます。

アドラー先生：「あなた方のお子さん、ジョン君のことを理解するには少々苦労しましたが、うまくいったと信じています。もしあなた方が私達と一緒にお引き受けいただけるならば、彼を正常な子どもにするお手伝いができるように思えます。どうやらジョン君の人生の主な目標は、注目を得ようとしていることのようです。彼は、建設的な方法でそうすることもあるのですが、好ましくない方法を使うこともあるのです。彼は、読書と算数で著しい進歩を示していますし、妹さんに対する行動も同様に、彼がやがて有益な人間になろうという願いを持っていることを確認させてくれています。ただ、彼の好ましくない行動を見ると、彼が傷つけられ差別されていると感じているのが明らかです。私達は、彼の幼少期の状況をもっと知りたいと思っています。もし子どもが可愛がられてわがまま放題で、その後突然慣れ親しんだ支援が得られなくなってしまったら、子どもはまるで楽園を失ったように感じます。そんな子は、その後の人生を自分が主人公になれない状況を避けながら過ごすかもしれません。もしその子が努力しなくとも注目の中心—まるで甘やかされた赤ちゃんの頃のようなのですが—になれなくなったら、反逆者のパーソナリティを発達させ、反逆のために戦います。ある状況で最も称えられることもなく、最も強い人間でもないとしたら、彼は、母親や教師や他の子ども達と戦うでありましょう。ジョン君は、自分が失ったと思われる楽園を取り戻そうとして格闘しているのです。彼の生育歴によれば、最初の十六カ月間とても厳格な乳母がいたとのことですが。そのとおりですか？」

母親：「彼女はいつも厳格でした。誰も赤ちゃんに近づくのを許しませんでした」

アドラー先生：「ジョン君が彼女を好いていたか覚えてらっしゃいますか？」

母親：「その当時、あの子は幼くて理解できなかったのです」

アドラー先生：「二番目の乳母は、一番目の乳母よりもっと厳格でしたか？」
母親：「二番目の乳母の方が、あの子にはましでした」
アドラー先生：「状況を再び正確に作り上げるのは難しいでしょうが、この子は、乳母かメイドかあなたから赤ちゃん扱いされた可能性があります。ご承知のようにこの子は、何年もの間一人っ子でした。あなたは彼を甘やかしましたか？」
母親：「いいえ、決してそんなことしませんでした」
アドラー先生：「それでは、乳母が甘やかしたと想定せざるを得ません。ただ、それが誰であれ、この子の状況が突然変化したのがわかります。ジョン君があなた方の悩みの種になってどれくらいになりますか？」
母親：「二年間です。学校に入った最初は、さほどでもなかったのですが、七歳からだんだん悪くなってきました」
アドラー先生：「子どもが学校に入ったとき、子どもの困難が始まる、というのはよくあることです。学校は、努力しないと優越のポジションを維持できなくなる場所だからです」
母親：「最初は公立学校に入ったのですが、そこでは何でも好き勝手ができました」
アドラー先生：「おそらく彼は、新しい学校に転校したことで状況が快適から不快に変わったのでしょう。ジョン君の行動は、頭の良さを表していますが、目標が間違っています。この子は、ひたすら愛され役に立つ人間だということで評価される、ということを私達が彼に納得させるまでは、決して変わらないでしょう。私がお二人に提案したいことは、二人が彼の真の友であることを示す努力をしてご覧なさい、ということです。もしお二人がその視点に添って彼を味方にできれば、彼が言うことを聞かないというのは、なくなるでしょう。私は、彼が家庭でも学校でも折り合いをつけて、それぞれの居場所ができると固く信じています。彼を校長室に連れて行く、悪い成績をつける、彼を殴る、お金の賄賂を贈る、こういったことは、効き目がありません。あなた方が私の方法を試されることを提案します。また、もしよろしければ、ジョン君に二、三言葉を掛けて、彼が悪い子ではなくて、みんながお互いに誤解し合っていたことを彼に説明したいのですが」

母親：「お願いします」

アドラー先生：「ありがとうございます。では彼と話をしましょう」

両親が部屋を出ます。

アドラー先生：「私があの子の『手助けができる』とそれとなく言ったとき、父親はとても疑わしげでした。それは問題ではありません。もしあなた方が聴衆の中で両親にそれとなく言って、彼らが『いいえ』と言ったとしても、あなた方の見方を押し付けて敵対したりしないで、彼らの顔を立てて下さい。部屋を出た後に、拒否していたことを受け入れる、ということがしばしばあります。ジョンに罪がないということを両親に指摘することが、私の主な願いでした。なぜかと言うと、両親がいつもそう思っていたからです。私達は、一つのポイント―あの子が日曜学校へ行っていると言っていること―を取り上げていませんでした。皆さんには、両親の厳格さが宗教にまで及んであの子が反抗することになるのがおわかりでしょう。子どもはいつも、両親が高い価値を置いているものを攻撃対象として選ぶのです（訳注4）。もし子どもが読書や算数が得意で、戦うことができるならば、他の科目もできるだろうし、自分自身で完全に行動できると、私は確信しているのです」

少年が部屋に入って来ます。

アドラー先生：「君は、私のように医者になりたいんだってね。そうなりたい？」
ジョン：「はい」
アドラー先生：「他の人が困っているのを助けるというのは、非常に興味があることだね。医者になるのは、本当は簡単なことだ。そうじゃないと、こんなに医者がいるはずがないからね。友達はたくさんいる？」
ジョン：「はい」
アドラー先生：「とてもいい友達？」

ジョン：「はい」

アドラー先生：「で、友達のこと好き？」

ジョン：「はい」

アドラー先生：「そりゃいい。君がリーダー？」

ジョン：「交代でリーダーになるんだよ」

アドラー先生：「君はいつでもリーダーになりたいんじゃないの？　いいことでリーダーになるのは素晴らしいんだけど、時には悪いことでリーダーになるのが好きだと思っている子もいるね。いいことでリーダーになるのは、とても勇気がいるんだ。君はいつもみんなに注目して欲しいと思っているようだ。小さかった頃甘やかされた？」

ジョン：「そんなことないよ」

アドラー先生：「よく思い出してごらん。たぶん実際に甘やかされていたほどには今は感じていないかもしれないし、注意を引きつけられるたった一つの方法は、クラスの邪魔をすることか、お母さんと喧嘩することだと感じているのかもしれない。たぶん君は、他の方法を見つけてこなかったのかもしれず、君ほどの頭のいい子ならもっとよくできると思うんだけどなあ。新しい方法をやってみる勇気はある？　私は、君が好きなことなら何でもできると思っているし、君ならきっと、学校で一番良い生徒の一人になれるよ。ひょっとしたら君は、それを信じていないかもしれないし、やってみるのを怖がっているかもしれない。みんなが『ジョンはいい子だ』と言ったら、もっと気分がいいと思わないのかな？　注目の中心になるのに人の邪魔をするというのは、ひどい臆病者のすることだ。他の子を助けるのがずっと勇敢だ。君はそうやってみるほど勇敢かな？　君がクラスで最も行儀の良い生徒の一人になるには、どれくらいかかると思う？　お利巧な君なら二週間もあれば十分だと思うんだがね。二週間後にもう一度ここに来て、どうなっているか教えてくれないかな？」

ジョン：「はい」

第五章　成長の恐れ

ジョージのケース

今夜は、一年生のBにいる六歳八カ月の少年、ジョージのケースについて考えてみることにしましょう。ケース記録によれば、母親は、この子の話し方を矯正する援助が得られないか、という望みを持ってこの子をここに連れて来るとのことです。この子は、赤ちゃん言葉を話し、その他にも、しかめっ面をする、おどける、読めないふりをするとか、質問に答えるのができないふりをするとか、悪い癖を持っています。

この子の知能指数は八十九です。この子の言葉遣いが異様なのは、器官上の欠陥があるからかもしれません。しかし、この子は他にも悪い癖があるので、何らかの方法で適応がうまくいっていないのかもしれません。そうであるとすれば、この子が適切でない話し方をするのは、仲間と交際を避けるか、彼自身が安全だと感じる範囲に交際を狭めるか、のどちらかのためです。私達は、他にも証拠を探して、この仮説を検証しなければなりません。

この子は、だらしがなく、社交嫌いで、食べ物の好き嫌いが激しく、臆病、といった子どもかもしれません。知能指数が八十九だということは、疑いもなく利口で、だからこそ、赤ちゃんのように振る舞うということは、ある目的を持っているに違いありません。以前の経験に照らし合わせますと、この子は、成長に伴う問題に直面するのを恐れている子だと、私は疑っているのです。私は、いつも哺乳瓶で飲みたがる五歳の子を知っています。その子は、非常に明白なやり方をしながら、幼年時代の快適な状況に自分自身を定着させることに固執していました。彼は、劣等コンプレックスを持っていました。そんな子は、言葉を駆使して「大きくなりたくない」と言わないで、自分で理解していない新しい境遇を避けるためにしっかりと行動するのです。そんな子は、自分は大きくなりたくないということを意識的に知っていたとしても、気が進まない理由については依然として無意識のままでしょう。意識と無意識は、決して矛盾するものではありません。意識と無意識は、同じ方向に注ぐ二つの流れです（訳注1）。

赤ちゃんのままでいたいと思う子どもは、たいてい決まって悪い癖を持っています。どうしてこの子がこの目標を選んだかを知るのは、とても重要です。おそらくこの子は、ひどく甘やかされてきたのかもしれませんし、おそらく顔立ちの整った赤ちゃんだったかもしれないし、おそらく生まれてすぐ病気に罹っていたかもしれないし、あるいはおそらく、一人っ子か末子かもしれません。

この子がおどけたりしかめっ面をするのは、注目を得るのに恰好の方法ですが、二つの印象を私達に確認させてくれます。その一つは、この子が甘やかされた子どもであるということ、二つ目は、自分から離れて行ってしまったとこの子が感じる快適な状態を求めて戦っているのだということです。この子の赤ちゃんのような語り方は、欠陥ではなく、天才的な手腕です。赤ちゃん言葉としかめっ面は、この子の類まれな創造的な営みの一部なのです。この子が赤ちゃんのままでいたいのだと認めてごらんなさい。そうすると、彼が選んだもの以上の有効なテクニックが他にないことがおわかりになります。多くの子ども達は、おどけ者になる方法を見出します。彼らは、偶然してしまったことを誰かに笑われるときがあります。すると、それに味を占め、同じような行為を続け、挙句は愚かしいことをする業を身に付けた人間になるのです。

読めないふりをすることによって、ジョージは、他人を思いどおりに動かし、読むことも質問に答えることも期待されなかった赤ちゃんの頃に自分を投影するのです。この子の策略に対して、彼を非難したり罰したりするのは、大きな間違いでしょう。この子は、嘘をついているのではありません。母親が設定した目標ではなく、自分自身の目標を追及するためにそうしているからです。もし良い生徒になることがこの子の人生の目標であるとしたら、彼はきっと、読んだり質問に答えたりするようになるでしょう。その代わりに、「僕、できない」というふりをしているのです。私達がこれを心理学的な言語に翻訳すると、「僕は赤ちゃんなんだから、みんなは僕に何にも期待しちゃいけないいんだ」という意味になります。

ケース記録によれば次のとおりです。

「この子の家族構成は、十四歳の兄と、十一歳と九歳の姉がいます」

これは私達の第二の仮説を検証してくれています。この子は、末子としてとても甘やかされていそうです。

「兄や姉達は、ジョージとしょっちゅう喧嘩します」

このことは、ジョージが全く臆病ではない、ということを示すため興味深いことです。この子が完全に勇気を失っていたならば、年上のきょうだいが彼と喧嘩をすることはないはずです。

「この子は、姉達、とりわけ十一歳の長女とは比較的仲良しです。長女は、非常に有能な子で、母親が病気の間は、母親に代わって家事を切り盛りします」

長女は、明らかにこの子の求めている、一種の注目を与えています。母親が最初にこの子を甘やかしたでしょう。そして、長女がその場面を真似ているのです。

「長男は、ジョージの友達、特に家に連れて来る、少し黒人の血が入った子のことを嫌ってジョージを殴ります。長男によれば、ジョージはひどく無作法だ、とのことです」

これらの「ひどく無作法」というのは、赤ちゃんの作法のことです。私は、そんなことをひどいとは思わなくて、むしろとても芸術的だと思うのです。もしこの子が赤ちゃんのように振る舞おうとするならば、赤ちゃんのようにして自分自身を守らなければならないのです。この子は、状況に対する洞察力がないので、自分の目標を変えることができないのです。私は、ジョージに次の二つのことを理解させることがとても難しいことだとは、ちっとも思っていません。一つは、成長することはもっと力を身に付けるという意味であること、もう一つは、過去の楽園を求めるよりも成長しようとして努力する方が好ましいこと、です。

このことは、学校の価値を私達に示してくれます。と言うのは、もしこの子の教師が彼を勇気づけることができ、成長する技術を彼に訓練することができれば、ジョージは、未来に到る開かれた道が得られるからです。母親にも、この子をもっと自立的にさせ、家族の他のメンバーや遊び友達にもっと関心を持てるようにさせるよう説得しなければなりません。長男に対しては、「君のやり方は間違っているよ」と教えなければなりません。きょうだいの誰もが、彼がしかめっ面をしても笑ってはいけません。きょうだい達は、この子がそんな安っぽい策略を用いて自分を重要な存在にしているチャンスを彼に与えてはなりません。

「家族のなかの他の子ども達は、ジョージの赤ちゃん言葉を聞くのを嫌っています。長男と長女は、学校でとても成績が良く、共に高い知能指数のグループに所属しています。次女は、低い知能指数のグループに入っています。ジョージは、金髪で色白のハンサムな少年ですが、他の子ども達は、黒ずんでいて、全く魅力的ではありません。母親は言っています。『私達は、あの子を愛さずにはいられません。きれいな金髪で色白、それにすごく可愛いいんですもの』と」

この子が甘やかされた子だという私達の理論をここで一段と確証させてくれます。

「父親は、イタリア系のレンガ工です。母親は、アメリカ人です。両親共に幸せではありません」

このことは、この子の発達にとって事態を複雑にする要因です。両親共に幸せではなく、この子が母親の方に寄りかかり過ぎれば、おそらくこの子が父親を愛さない傾向が見られるでしょう。これは彼の生活をあまりにも狭いものにし、この子が無責任な赤ちゃんのままでいたいという理由になります。

「ある日ジョージは、ひどく取り乱して学校へやって来て、こう言いました。『お母さんが一晩中家に帰って来なかった。父ちゃんがママを泣かせたので、ママは外に出て行っちゃったきり帰ってした」

こなかった』。そのことで彼は午前中悩み続けて、家に帰る時間かどうか、私にずっと尋ねていま

もし母親が一晩家に帰らなかったとしたら、家族の中のこの喧嘩は、とても激しかったに違いありません。こういう状況下では、子どもが共同体感覚を発達させることは極めて困難です。明らかにこの子は、母親からの愛着が深いですね。

「母親が家に帰ってこの子に言うことには、映画を観に行っていたのですが、ひどい病気になったので、家に帰れなかった、とのことでした」

母親がこの子にウソを言っていることを示しています。私は、本当のことを洗いざらい言うように忠告しませんが、むしろ見えすいたウソでないことを言ったらよかったのではないでしょうか。

「この家族は、一時期南部で財産に恵まれ、自動車も持ち、とても快適な暮らしをしていたのです。母親は、南部を離れたのを悔やんでいました。母親は長患いし、父親は何カ月間も失業していました。数カ月前、父親は学校に金銭的な扶助を求めていましたが、今は働いています」

ここにこの子どものもう一つの困難があります。おそらくこの子は、自分の幼年時代の方が、今よりもっとお金があって、悩みが少なかったので、現在の状態よりもずっと幸せだったということを覚えているでしょう。

「母親には、他の州に住んでいて、ジョージと同じような言葉遣いの欠陥を持った、十六歳の甥がいます」

このことを聞くと、母親が言葉遣いの欠陥を遺伝だと信じているのではないか、と私は思います。もう一人の子の母親は、ジョージの母親の姉妹です。そして、問題の少年二人とも、子どもを甘やかした家族から出ています。これは遺伝ではなくて、境遇が似たもの同士なのです。私達は、調査を行う際、決して家族の伝統を無視してはなりませんが、私達が徹底的に調査してみるときに、遺伝的だと思われていた性格特性が、単なる無知な迷信に過ぎないことに出くわします。

「この子の出産は正常でしたが、食事を与えるのがとても困難で、三歳になるまで病気がちでした」

おそらくこの子の消化器官に欠陥があったか、あるいは、母親が食事を与えるのにひょっとして手馴れていなかっただけなのか、かもしれません。この子が病気の間、家族の伝統から考えて、甘やかされていた可能性が大いにあり得ます。

「この子は、扁桃腺の除去手術を受けたことがあり、そのことで彼の話し方がよくなれば、と両親は思ったのですが、効果はありませんでした。

扁桃腺除去手術をしても、彼の状況が変わらないのは当然です。この子が赤ちゃんでいたいと思えば、扁桃腺があろうとなかろうと赤ちゃんでいるでしょう。

「医師達は、この子の発声器官に関して何の問題もないことを母親に保証しています。学校医によれば、数本の虫歯を除いては、この子の健康状態は良好とのことです。学校では、他の子ども達はこの子を好いていて、彼のしかめっ面を面白がっています」

学校の幼い子ども達を喜ばすのは簡単なことですし、ジョージは人を楽しませるよう自分自身を訓練してきています。

「この子は、級友を押したり、近くに座っている子にちょっかいを出したりして、彼らとよく喧嘩をします。この子は、学校に来るときは小奇麗にしていますが、学校に入るとすぐ、靴下を靴の上に引き下げ、ネクタイを広げてしまいます」

これらはすべて、この子の役者としての演技レパートリーです。

「この子は上着を一度も掛けたことがなく、クローゼットに投げ入れるだけです。この子は、寒い日に数日コートを着ないで学校にやって来ました。この子が言うことには、冬物のコートが短過ぎるし、袖なしの上着は穴があいているので着るのがいやだ、という理由でした」

だらしなさというのは、間違いなく甘やかされた子どもの兆候ですが、ジョージは見栄っ張りでもあり、見苦しい服装をしていると見られたくないのです。両親の暮らしが裕福だった頃、自分がよい服を着ていたという事実は、彼の生活にとってきっと重要な要素なのでしょう。もし穴のあいたコートをいつも着ないとすると、当時との違いを知っているからでしょう。

「この子は、算数の成績が良いし、読書をしっかりと学んでいます」

これらは、この子が学校での困難を克服していることと、彼には明らかに親切な教師がついていることを示す良い兆候です。そうでなければ、この子は算数で問題を抱えることになっているでしょう。

「この子の字はとても汚くて、答案がぐちゃぐちゃで汚いのです」

この点から彼が左利きで、そんなことから彼が字を書くのが特別困難であることを私達に思わせてくれます。

「この子は、矯正されて右利きになりました。クラスでは決して左手を使おうとしませんが、左手でとても上手に数字を書くとことができます」

まさに私達の仮定のとおりで、この子は左利きで、右手で字を書くことの弱点を完全には克服できていないのです。この種の子ども達は、読み方を学ぶとき困難を伴い、失敗しがちなため愚かだとみなされますが、綿密に調査してみると、右から左へと――鏡文字（訳注2）で書くように――彼らがとてもうまく読めることに出くわします。

「この子は賞賛に対して敏速に反応します」

これはほとんど解釈の必要がないでしょう。

「この子は、不器用なのではなくて、物事ができないようなふりをするのです。例えば、教師がこの子を見ていると、紙を折れないようなふりをしますが、見ていないと、完璧にできます」

私達は、この子の人生の目標—自分に親切にする人は誰でも思いどおりにさせる—を繰り返し繰り返し見ています。この子は、自分が赤ちゃんに過ぎないことを証明しようとしているのです。

「この子は、自分で服を着ませんし、体を洗ってもらうのも嫌がります。母親が洗ってやると、大騒ぎをし、あらぬ限りの叫び声をあげます」

この子が甘やかされてきた兆候がまた出てきました。母親が洗ってやると、叫び声をあげるのは、洗ってもらうのが嫌いだからなのではなくて、母親にもっと面倒を掛けてやろうと思っているからなのです。

「母親は、叩くことで彼に罰を与えています。また、時には大騒ぎを起こさないようにするため十一歳の姉に褒美を与えてこの子を洗わせます。この子は自分で食べるのですが、とてもゆっくりと、あれこれ遊びながら食べます」

他の方法で息子を甘やかしてきた母親は、この子をただ叩くだけで、自分で洗う必要性を感じさせることなどできないでしょう。食事の時間は、明らかにこの子がもっと関心を引きつける機会になってしまっています。

「この子は、家庭で言うことを聞きません。学校でするのと同じ顔つきを家でもしますし、おもちゃや衣類を決して片付けません。この子は、九歳の次女と同じベッドで眠り、長女も同じ部屋で寝ます」

母親に寝室の割り当てが最善ではないことを言ってあげなければいけませんね。

「父親が彼を罰することは全くありませんが、親子関係は、父子よりも母子の方が強固です。母親は、この子が父親の方を好きだとしたら『不愉快』だと感じる、と言っています」

この発言は、この子のケースに関して非常に多くの光を投げかけています。親子の絆は、母子の方が緊密なのが明らかですが、母親はそのことでこの子が父親と親しくなるのを現実的には妨げてきているようです。母親がこう言わなかったとしても、私達は同じ結論に達していたでしょう。その理由は、結婚が不幸なものであって、子どもと母親との関係が強ければ、母親は無意識的に、本能的に父親を敵としてこの子と同士（パルチザン）になるからです。

「この子は路上で男の子数人と遊びますが、女の子と遊ぶ方が好きです」

このような好みは、この子のパターンにぴったり合っています。この子が女性を好むのは、母親や姉達に甘やかされてきたからです。もしこの子に家庭教師をつける必要があるとしたら、この点を考慮すべきでしょう。この子をこのような情動的に誤った固着の状態に放置しておくのは、確かに賢明ではありませんが、私達は、この子を最初からあまりに強烈に攻め立てることができないことを肝に銘じておかなければなりません。もし彼に家庭教師が必要なら女性にすべきだ、とあえて申し上げておきます。

「大人になったらカウボーイになりたい、というのが彼の望みです。というのは、彼が映画で見るカウボーイは、みんな戦うからです」

自信を失った子どもが空想の中で英雄の役割を演じるのは、非常にありふれたことです。この少年にとってカウボーイになることは、神様のようになることに近いのです。この少年を徐々に進歩させることは、さほど難しいことでもなさそうです。もし成長することが容易にできるのならば、この子は本当に成長するであろうことは、彼の望みが示しています。言い換えれば、この子は適当な条件のもとで英雄になりたいと思っているのです。

「この子は、一人の男がやって来て、この子の家のドアを持ち去ってしまう夢を見ます」

私達は、この子の夢をあらかた推量できます。こんな子の特有の夢は、成長することの危険を示していて、この子は夢で自分自身を欺こうとして、赤ちゃんのままでいたいという欲求を正当化しているのです。

ところで、このケース記録で述べられた夢は、いくらか奇妙ですが、解釈は可能だと思います。もし誰かがやって来て家のドアを持ち去ってしまうとしたら、その家は開け放たれ、この子は守られなくなるでしょう。ドアは自分を保護する物であり、ジョージは自分を守ることにきわめて関心が強いのです。

この子の筆跡のサンプルを見ると、彼が左利きであることがいくつか窺えます。例えば、「M's」を反対に書いていますし、紙の左側の余白がとても狭いです。この子の筆跡は、とても汚いのです。

ここでの最大の仕事は、母親を説得してジョージと父親の和解をさせることです。姉達には、この子を批判しないように、彼のしかめっ面に注目を与えないように、と言って聞かせるのがいいでしょう。母親は、この子がもっと自立的になるようにさせなければなりません。母親は、自分で体を洗ったり、自分で洋服を着たり、家族のためにお使いに行ったりしたときに、この子に褒美をあげることができます。私は、教師がこの子を完全に理解していると信じていますし、指示をほんの少しにする必要があると思っています。彼女ならば、この子の答案がほんの少しきれいになるのを、彼をほめる機会として待つかもしれませんし、また、答案が汚くとも彼を叱ってはなりません。この子が注目を引こうとしたら、教師は大げさな反応を示した方がいいでしょう（訳注3）。彼女は、他の子ども達の前ではなしに、この子と個別に話をして、この子が本当に望むのならば、この子の勉強をみんな見てあげてもいい、と言ってもいいかもしれません。そうして、次のように何か言ったほうがいいでしょう。「ねえ、あなたのお母さんがあなたを少しばかり甘やかしてきたので、あなたはいつも誰かに自分の代わりに仕事をして欲しい、面倒を見て欲しい、と思っているようね。これは立派な男の子になるにはお粗末なやり方よ。もしあなたが赤ちゃんのままでいたいなら、それはそれでかまわないけどね」と。

面接

少年、ジョージは、母親にしがみついて部屋に入ります。そして、アドラー先生とは握手しようとしません。

アドラー先生：「どうして私と握手しようとしないのかな？　私は君の友人だよ。私の見るところでは、君は大きな少年だし、お母さんがいなくとも一人で歩けるはずだと思っているのだが。君は赤ちゃんなの？」

少年は、母親から離れ、アドラーと一緒に歩きます。

アドラー先生：「友達は沢山いるの？　みんないい友達かい？　友達を助けてあげている？」

ジョージは、これらの質問に同意してうなずくのですが、アドラー先生を見ません。

アドラー先生：「ご覧、彼は私が友人だとは確信が持てないようだ。それで私の方を見ようとしないのだ。（ジョージに向かって）私が君に噛みつくとでも思っているのかな？　君は一番どんなことをしたいと思う？」

ジョージ：「お絵描き」

アドラー先生：「画家になりたい？」

ジョージは答えません。

アドラー先生：「画家よりもなりたいものは何？」
ジョージ：「カウボーイになりたいの」
アドラー先生：「君がカウボーイだったらどんなことをする？」
ジョージ：「馬の背中に乗りたいんだ」
アドラー先生：「馬の背中に乗りたいんなら、カウボーイにならなくてもいいのじゃないかな。君はなりたいのならどんなものにでもなれると思うんだが。君は赤ちゃんになりたいのか、それとも、先生か医者になりたいのか、教えてもらえないかな？」

ジョージは、これらの質問に「ノー」と答えます。

アドラー先生：「もし君が学校の勉強にもっと注意を払い、手をきれいにしたら、みんながもっと君のことを好きになり、先生もほめてくれると思うのだが。君の兄さんは、君に厳しく接するの？　私は、お兄さんにもう君と喧嘩しないよう言うつもりだよ。君が赤ちゃんのようなしゃべり方をしたら、お兄さんには、君の話を聞かないように、と言おうとも思っている。これから先は、君が赤ちゃんのような顔をしたら、誰も君のことを見たりしないし、また、君がそうしたいなら一日中、一晩中やることもできるんだ。君が大きくなったらどうしようと思っているのかな？　君は話し方を習って、とても上手に暗誦してみようという気はないかな？」

ジョージ：「あるよ」

アドラー先生：「だったら、自分で洋服を着て、自分で手を洗い始めなくちゃならないね。そして、きちんと食べて、もう赤ちゃんをやめることを始めることだ。もし君がずっと赤ちゃんのように振る舞っていたら、どうやってカウボーイになれるのかな？　そんなことでは自分自身を鍛えるのに正しいやり方じゃないね」

少年は、急いで立ち去ります。

アドラー先生：「あの子が急いで出て行ったのは、みんなの前で快適でなかったからなのですが、私は、彼の頭の中に新しい考えを植え付けたと信じています」

アドラー先生：（母親に向かって）「ジョージ君は、自分自身で赤ちゃんの役割を作っていたのです。というのは、おそらく彼は、子どもの頃快適な状況にいたことを覚えていて、それを取り戻したいと思っているからでしょう。こんな理由で、彼はあなたに面倒を掛け、洗ったり着せたりさせ、赤ちゃんのままでいるようにさせたのです。腕白でいたいとは思ってはいないのです。彼は良い生徒ですし、素晴らしい少年だし、私は、彼が短期間のうちに困難を克服するであろうと確信しています。もし手助けしたいなら、彼のしかめっ面に注目しないこと、そのことで彼を叱らないこと、です。彼が変な顔をしても他の子どもたちが無視していることをご覧なさい。彼が赤ちゃん言葉をしゃべるときは、まるで聞こえていないかのように振る舞ってください。また、彼が大きくなった子のように話すときは、ほめてあげてください。彼はあなたに寄りかかり過ぎ、他者には恥ずかしがり過ぎです。もし彼のお兄さんやお父さんが彼と友達になろうと努力されるなら、それは好ましいことです。私は、彼が学校で適切に勇気づけられていることを知っていますし、あなたも彼の援助をなされば、あらゆることがうまくいくでしょう。たとえ時間がかかるとしても、彼に自分で洗い、自分で着るようにさせましょう。彼が正しい方向に努力を振り向けていることをご覧になったら、彼をほめて、こう言ったらいいでしょう。『あなたが大きくなった子になって、もう赤ちゃんでないのが嬉しいわ』と。彼の悪い癖はすべて、彼が成長するのを恐れていることから起きています。成長するのは本当は怖くない、ということを彼が理解するよう勇気づけなければなりません。彼に説教しないで、赤ちゃんのような話し方をするときは、きちんと話そうとするまで注目しないでください」

母親は、指示されたことを実行することに同意します。

アドラー先生：（受講生に向かって）「ご承知のように、直接的な指示を与えないときがあります。こんな子を直すのに必要な、ちょっとした方策を洗いざらい母親に与えられる人は誰もいないからです。しかし母親が状況を全体的に理解したら、彼女はどうしたらよいかわかるでしょう。あらゆる緊急事態を網羅するルールを提供することは不可能です。もちろんこの家族は、どちらかというと不幸そうですが、場合によっては、家庭内のほんの少しの小さな変化が家族の雰囲気全体を一掃してしまうでしょう」

受講生：「この子を甘やかさないで、どうやって愛したらよいでしょうか？」

アドラー先生：「皆さんは子どもを思いどおりに愛することができますが、子どもを依存的にしてはいけません。皆さんには、子どもが自立的な存在として機能するようにさせる義務がありますし、非常に初期の頃からそうするよう子どもの訓練を始めなければなりません。もし子どもが、親が何もすることなく、自分の思いどおりになる、という印象を持つならば、この子は愛についての誤った考えを持つようになるでしょう」

第六章　反抗的な「不良」少年

ニコラスのケース

今夜は、十二歳五カ月の子どものケースを扱うことにします。この子の現在の問題は、救い難いとのことです。この子は、保護観察期間中に喧嘩をしたり、盗みをしたりということで告発されていて、両親は、この子を施設に入れるよう助言を受けています。

このような展開になっているのは、おそらく、両親がこの子にまっとうな生活をするよう両親が説得する方法を知らないことを意味しているのでしょう。誰もが、個人心理学でしっかり訓練を受けた人でさえ、ある子のライフ・パターンを変えることができないと感じるケースが、疑いなく存在します。それでも、正しい方法を見つけることを決して断念してはなりませんし、たとえ私達が発見できなくとも、他の人ができることを微塵も疑ってはなりません。非常に難しいケースでは、問題の子どもか大人に次のように語りかけることが賢明である時があります。「あなたがどうしてこのようなことをするのか、私なりに知っているつもりですが、私と同じようにあなたにも明らかに知っていただけるかどうかわからないのです」と。こうすると、たいてい患者に好印象を与えます。このタイプの子どもや大人は、劣等コンプレックスと優越コンプレックスに悩んでいますので、こんな人達がある種の教師か医師—どんな症状でも治せると考えるほど自惚れの強くない人、あるいは、失敗を認めなければならないとき、痛手を受けない人—に出会うなら、患者、特にどんな教師でも自分の対応に成功しないことを示さなければならないと信じている子どもには、大きな救いになります。こんな子どもに「多分私はうまくいかないでしょうが、他の人なら成功するでしょう」という態度で接するなら、子どもの敵対心を和らげることができるでしょう。

このタイプの好戦的な子どもは、戦ったり盗んだりすることで訴えられるであろうことも予想されることです。この子は、だまされたと感じても、自分の権利のために—おそらく劣った環境に逆らって—戦うだけの勇気を持っているでしょう。ケース記録によれば、この子は保護観察中だとのことです。保護観察中だということは、それ自体好ましくないことですが、私達は、この子の保護観察が始まる四~五年前にこの子に会えなかったことが残念です。現時点でこの子は、保護観察中だということで箔がついています。両親がこの子を手放してしまうようアドバイスを受けていることは、今の環境下では、まず、万策が尽きてしまっていること、次に、この子の将来に見込みがなく、この子が矯正不能だと烙印を押されていること、を表しています。こんな状況下、私はこの子を手放してしまうことに反対です。とは言え、どこに彼を送ったらいいのでしょうか？　誰がこの子を理解し、通常の生活ができるようにこの子を訓練するのでしょうか？　この子が自信を持ち、この子を助けようとする教師か医師を気に入ることが不可欠です。このことを遂行するためにこの子をどこに送ったらいいか、私はわかりませんが、学校に精神衛生のクリニックがあれば、問題に有利に対処できるかもしれないことを承知しています。精神衛生のクリニックで彼に関わる友人か指導員が数人いれば、そんな人達は、彼が家庭で恵まれなかった人間的なつながりを彼に経験させてくれるでありましょう。このような少年は、少年院に送られるのが普通でしょうが、私の観察では、若年犯罪者の大多数は、少年院に入っていた子なのです。私は、これまで誰かが少年院で矯正されたかどうか、非常に疑わしく思っています。

ケース・ノートに移ることにしましょう。

「過去の問題は、学校でうまく行かないこと、それに盗みと喧嘩です。この子は、三カ月間里親に預けられていました」

この子を里親に預けていたことは、単にこの子の反抗心を助長したに過ぎないことは、疑う余地がありません。

「家族はドイツ系です。几帳面で厳格で、家族の中で長女を一番愛していた父親は、結核のため死にました。母親は、自分の二度目の夫よりもだいぶ年上です。継父は、ニコラスととても親密です。姉は六歳の時に死に、ニコラスより二歳年長でした。患者より十三カ月年上の、もう一人の姉がいます。彼には、今四歳になる異父妹がいます。長女が死んだとき、ニコラスは四歳四カ月で、父親が死んだときは、四歳六カ月でした」

明らかに父親は、ニコラスの共同体感覚を育てるような類の人ではありませんでした。私達は、死が家庭の中で彼に与えた印象を調べてみなければなりません。異父妹は、八歳年下で、恐らく彼の競争相手ではないでしょう。この子のライフ・スタイルは、彼女が生まれる前に形成され固定していました。従って、私達は、次のような推測を思い切って申し上げることができます。つまり、この子の環境で困難を作り出している人は、姉であり、彼女は立派に成長し、良い子で、母親から好かれているだろう、と推測できます。もしこの推測の証拠が確認できれば、私達はこの子の人生の原動力を容易に理解することができます。この子は、差別されてきたと感じ、競争することができないことを怖れているのです。おそらくこの子は、姉を凌ぐ良い方法が見つけられなかったので、勇気をくじかれているのでしょう。

「父親と母親は、夫婦間のことに関して何の問題も訴えていません。ニコラスと姉は、しょっちゅう喧嘩しています。継父は、この子に好意を持っていて、彼の信頼を得ようとしています。ニコラスは、異父妹が大好きです。母親は、ニコラスが騒がしくて、部屋を汚くするので、彼のことをもはや我慢できず、家から追放したいと思っています」

これらは、非常に重要な事実です。ニコラスと姉の間に競争心があるだろう、という私達の推量は、確認されました。継父は、善意の人のようですが、彼がニコラスと仲良くしようとする方法は、不適切です。想像したとおり、妹はこの子のライバルではありません。母親とこの患者との間に葛藤があり、母親の言った言葉のトーンから、この子との関係がよくないことが明らかなようです。私達には、ニコラスが姉を凌ごうと思っているのに、姉が強過ぎるのを知っていることがわかっています。この子は、母親にもっと自分に関心を持ってもらいたいと思っているのですが、母親が拒否すると、汚くしたり、戦ったりすることで母親を攻撃します。盗みをすることは、この子が勇気をくじかれていることの現れです。この子は、騒がしくしたり、部屋を汚くすることで母親の弱点を突いています。もっとも、十二歳の少年達は、ほとんど騒がしかったり、部屋を汚くするものですが。

「継父は、肉屋を営んでいます。母親は、わずかばかりの年金を貰っていて、家族のために家を切り盛りしています。家族の状況は並で、五部屋のマンションを所有していて、両親には自分たちの寝室がありますが、女姉妹は一緒に寝、ニコラスは居間の寝椅子に寝ています。ニコラスは、メソは、自慰をしています」

「この子の誕生は正常で、赤ちゃんの頃は良い子でした。この子は、五歳半で離乳させられ、十歳になるまでは、見るからに小柄でした。十三カ月で歩き、十六カ月でしゃべりました。現在この子ジストの日曜学校に通っています」

小柄な子どもは、しばしば非常に攻撃的です。ニコラスのケースでも、彼が小柄だったという事実は、姉との競合に関して著しい刺激要因になっていたかもしれません。これは私の意見なのですが、幼くて不適応な子どもの自慰は、注目を引きたいという欲求だけでなく、見て欲しい、守って欲しいという欲求に起因していて、この患者がもっと母親の関心を求めたいと思い、また、おそらくこの子は、母親が自分よりも姉の方により気遣いをしていると感じている、という私達の仮説を裏付けています。

「この子は、大学院の病院で精神科医の診察を受けて、臭化物と脳下垂体剤の薬物治療を受けていました。治療は、現在中断しています。母親によれば、この子の父親がこの世を去るまでは、この子には何の問題もなかった、とのことです。母親が二度目の結婚後しばらくしてから、この子を引き取ったときに問題が始まったのです」

私達は、母親が最初の四年間ニコラスをとてもうまく育てていた、とほとんど信じないわけにはいきません。その後、父親の死をキッカケに、この子は別の所に預けられ、母親の再婚後、連れ戻されました。継父は、この子から母親を奪ったのですから、継父がこの少年を味方に引き入れるのに成功しなかった、というのは、ありうる話です。

この少年は、家に戻ってからうまく順応することができませんでした。自分で準備ができていない新しい状況に置かれたからです。また、母親とうまくいかない理由は、自分が重要な存在でなくなったのは母親の責任だ、と信じたからです。

「この少年は、父親の死後二カ月ほど、父親の義理の姉妹の家に預けられていました。この家族には、他に二人の子どもがいて、養母は、ニコラスも姉も良くない、とこぼし、二人を預かるのにもっとお金をよこせ、と要求しました」

二人の子どもが気に入らない環境に置かれたことから、二人が争いを始めるに到った状況がここにあります。

「その後ニコラスは、見知らぬ人達と一緒に他に三人の子どもがいる家に預けられました。この家庭は不潔で、ニコラスと姉に十分な食事を与えませんでした。ニコラスは、戸外のトイレに行くうちに他の子ども達と問題や騒動を起こしました。それからこの子は、三番目の家庭に預けられたのですが、この家では外で遊ぶことを一切許されませんでした。母親は、子ども達に面会に来たとき、ニコラスがベッドの上で泣いているのを何度も見かけました。彼女は、子ども達に親切で善良な母親でいたいと心底望んでいたので、面会に来るたびに二人の子にプレゼントを欠かしませんでした。ある年上の女の子は、ニコラスの姉を時々外に連れ出しましたが、ニコラスは家に残されました。この子は、母親が再婚するまで一年半、この家にずっといました」

この子は、繰り返し繰り返し屈辱を体験し、人生の最初の六年間、深い苦しみを味わったのです。

「ニコラスが初めて家に帰ってきたとき、彼は大泣きし、ほとんど母親の膝の上に座って離れようとしませんでした」

私達は、この少年の状況について仮説を立てていましたが、まさにぴたりと当てはまりました。少年は母親を求めていたのに、母親を見出せないでいました。そして今や、この子は母親といるのですが、母親は今一度この子を手放そうとしています。ニコラスはしきりに、母親の愛を得たい、母親の側にいたい、と願っているのです。

「ニコラスは、『家を出て、誰も知らないどこかの場所に行ってしまいたい』と言っています」

人はしばしば、自分の権利を守るために戦う子ども達がこのように言うのを聞くことがあります。このことは、部屋を汚くしていることや自慰行為をしていることと同じ意味を持ちます。本当はこの子は、部屋を汚くしたり、家を出たり、自慰行為をしたくないのです。この子がこれらのことをするのは、復讐心の発露です。信じられる人が誰もいないのですから、現在の状況に絶望感を抱いているのは、確かです。

「この子は、『僕には勉強が難しすぎるので、学校にはもう行きたくない。お母さんの実家に帰れたらなあ。僕はあそこが好きなんだ』とも言っています」

こう言うのは、犯罪歴の始まりを示す、ありふれた指標です。ご承知のとおり、もし人が仕事がとても困難だとすると、その人は、生計のもとを稼ぐため盗みをしなければならないと感じます。そして今や、この少年は、まるで犯罪人になりたい、牢獄に入りたい、と思っているかのように虚勢を張っています。このように虚勢を張っていることは、希望を失った怒りの現れであり、私達がこの子に沢山のことができる以前に、この子の信頼を得なければならないことを私は承知しています。

「この子は朝、部屋に飛び込んできて、姉に自分の給仕をさせます。この子は、自分の食事のことで大声を上げ、姉をいじめ、母親に対しては、いつも生意気な口を聞く割には、時々愛情を示します。父親に対しては、口答えをし、言うことを聞かず、手伝いを拒否します」

ここに家族全体のドラマがあります。食事のことで大声を上げるのは、事実上「僕は騙されているんだ。だってみんなが十分に僕の面倒を見ないんだもの」と言っているに等しいのです。この子の父親と姉は彼の敵で、母親には復讐しているのです。

「この子は、とてつもなく大量の食べ物を盗みます」

この子が盗んだ食べ物を自分で食べるか、それとも人にあげてしまうのかを知ることは、もっと注意深く調べるべきポイントです。糖尿病の子どもは、大量の食べ物を盗む欲求があります。こんな子どもは、いつも空腹でのどが渇いていて、誰かがその子を糖尿病だと知るようになるまで、家で厄介者扱いされるのが普通です。

「この子は、家を飛び出して、何時間も帰ってきません。彼は、十三歳になったら家を出ると言っています」

この意味は、彼が家を出たいと思っているだけでなく、母親が自分を追いかける状況を作り出すことで、母親を独占したいと思っているのです。

「この子は、食卓で胸が悪くなるような食べ方をします」

これは、私達がすでに述べた数点を確証させてくれます。

「数カ月前までは、この子は学校で特殊学級に入れられていました。この子は、他の子ども達と喧嘩をしたり、彼らのゲームを故意に壊したりしました。この子はまた、これらの子ども達の物を盗んだり、汚い侮辱的な言葉でののしったりします」

私達は、この子が学校でうまくやることをほとんど期待できそうにありません。と言いますのは、この子が本当に望んでいることは、人気者になることだからで、それと、教師も子ども達も彼が望んでいるような重要な役割を果たすのを許さないので、この子は、彼らを見くびったり、辱めたりする方法を見つけるからです。この子は、自分に重要感を与えるため彼らを見くびります。そして、仲間に悪態をつくことによって、自分の目で見えるような高い位置に自分を置いているのです。

「この子は、『子ども達がもっと強いところ』に帰りたがっています。この子は、特殊学級の子ども達より知的に優れていました。この子は、教師達に生意気だし、言うことを聞かず、規則に従わず、すねて、神経質で、我慢をせず、敵対的で、屁理屈をこね、反抗的です。この子は、権威に対して尊敬の念を持たないので、教師達も校長も、この子のことをいつも嫌っています。この子は、学校に行った最初の日子ども用の車を、二日目はボールを盗みました。それ以来この子は、盗みを続け、二人の年長の子どもと共謀してある家に押し入るようなことすらしました。この子は、里親のところに送られました。裁判官にそこに行きたいと言ったからです」

不幸なことにニコラスは、犯罪歴を重ね始めるようになってしまいました。学校共同体の要求に自分自身を適合させることができなかったからです。この子は、自分に科せられる罰に誇りを感じています。叩かれ殴られた多くの子ども達は言います。「殴られたってへっちゃらさ。叩いて欲しかったのだもの」と。この子は、自分の理想を維持するために喜んで苦痛を受ける、ある程度の強さを示しています。この子に必要なのは良い仲間で、そんな仲間ならば、この子が今よりも落下していくのをどうしたら食い止められるか知っているでしょう。

「この子は、父親の肉切り包丁で二匹の猫の尾を切り取ったり、自分が追いかけられるよう鶏を荷台から放り出してしまったりしています。彼は、駐車してあった車を発進させて、高いところから転がり落とすようなことをしました。ある時は、女性のアパートから二十ドルを盗みました。お店やそのようなところから小さな物を沢山盗んでいます」

これらのすべての犯罪は、この子が動物に対しても人間に対しても共同体感覚を持ち合わせていないこと、人々を悩ませるためなら何でもしてしまうことを疑いなく示しています。もちろん一つの視点からすると、この少年は、自分の思いどおりに行動するという点では、正当化されます。と言うのは、この子の目標は舞台の中心に居続けること、自分を気に入らない母親、教師、他者すべてを苦しめ、罰することだからです。

「この子は、気晴らしのため読書をし、時々映画に行きます。友達はいません」

この種のケースでは、この子に友達がいないことは、多分幸運なことでしょう。もしこの子がもっとすぐに友達を作れたら、この子が認められ受け入れられる悪い仲間に入るに決まっているからです。

「この子は一人でぶらつき、トラックに飛び乗って遠方まで行き、それから他のトラックを捕まえて戻って来ます。もしこの子が路上で他の子ども達と出会うとすると、彼らを呼び止め、『誰だ。どこへ行くんだ』と尋ね、いつも喧嘩の種になる軽蔑した言い方をします」

この子は、路上の野生児のように行動し、ほんの少しばかり勇気を示しますが、もちろんこれは、建設的な人間になるための適切な訓練ではありません。

「この子は、ボーイスカウトに入るためのお金をもらいましたが、すぐに使ってしまいました。彼の父親は、自動車、楽器などの遊び道具をこの子に買い与えています。この子が特殊学級にいた間は、成績はそこそこ良くて、読書、綴り方、国語が良く、図画、音楽、図工の出来は良くありませんでした。この子は、母親と姉が手伝ってくれない限り宿題をしようとしません。父親には決して助けを求めることがありません。この子の知能指数は、何回か測定しているのですが、八十五から一〇三の間です」

ふたたびこれらのポイントが示していることは、この子が継父を家の中の征服者とみなしていること、そして、特定の条件下でなければ勉強するのを拒否するということです。知能指数の幅が広いのは、知能指数の価値の幅がきわめて相対的である、ということです。

「家族は、この子が毎日何らかのトラブルを引き起こしているのをこぼしています。警察に連れられて行くこの子を抱えていることにうんざりしています。ご近所の人達は、彼のやることなすことにいつも不平不満たらたらで、事が起きると何でもこの子のせいにしています。彼の姉は、この子のために恥をかいている、と言っています。患者（この子）によれば、家族の人数の割に家が小さすぎるし、父親が彼に過大な仕事を与えたがっている、とのことです。この子は、自分の家、学校、町を嫌っています。教師は、この子を特殊学級に戻したがっています。クラスの他の子ども達は、この子をバカにし、喧嘩を始めます。校長は、この子に親切であろうとしていて、子ども達を協調的にさせようとしています。教師は、この子がスポーツに興味を持つよう仕向けていますが、この子は教師の申し入れを全面的に拒否しています」

この少年は、他者のためにトラブルを引き起こすという人生の目標を達成するのにものの見事に成功しています。それでも、校長と教師は正しい道筋に添っておられると見ています。おそらく少年のうちの一人でいいですから友人としてこの子を味方にできたら、この子は喧嘩をしなくなるでしょう。

「この子は、本を読みたい、一人でいたい、と思っています。この子によれば、他の子ども達が彼にちょっかいを出す、とのことです。誰も彼がどう時間を過ごしているのか知らないし、知っているのはただ夜家に帰って来ることだけです。教師の一人が一日中、彼女の車に彼を乗せてドライブに連れて行き、彼女の友人達と夕食を共にしたら、ニコラスはとてつもなく愛想がよくて役に立ち、早ごしらえの夕食を出すのにテーブルをセットするのを手伝ったのです」

状況によってはこの子がいかにやすやすと心を開くかがわかりますね。ですけど、時々というのではなく、常時そうする方法が見つけられなければなりませんね。

「この子の早期回想は、次のとおりです。彼が覚えているのは、お父さんに一ペニーねだったとき、お父さんにテーブルの周りを追い掛け回されていることです。その次に、お姉さんが路上で他の女の子と喧嘩しているのを見ている思い出です」

これが彼の最初の回想だとすると、この子の本当の父親は、たぶん彼に親切でなかったようですね。姉が他の子ども達と喧嘩している記憶は、姉は喧嘩好きな少女で、彼女とこの子が喧嘩する罪は彼女側にあるのだ、という感情が確認できます。

「この子は、父親の葬式に行きたくなかったので、花屋の陰に隠れていたのを覚えています。この子は火葬の儀式が執り行われているのを見、さらに棺の中で姉の死に装束が調えられているのを見ているのを思い出します」

この少年は、死の印象がとても強いのが明らかですが、父親の葬儀に行くのを拒んだ理由が父親の死に心が揺れているのか、自分自身に復讐したいと思ったのか見分けるのは困難です。この少年が医者になりたいと思っていることがわかっても驚きではありません。死に遭遇した経験を持つ多くの子ども達は、医者になりたがります。

「この子は、夜中に夢を見、叫び声をあげます。夜驚症に罹っています。時々この子は、葬儀屋に行き立派な柔らかいベッドに座っている夢を見る、と言っています。葬儀屋は言います。『そこをどけ。死に装束をするんだ』と。するとこの子は、死人が何人も横たわっているベッドのある部屋に走って入って行きます」

この子が夜中に叫び声をあげるのは、母親に彼女なしには暗闇で一人でいる勇気がないことを説得する手段です。繰り返し死を題材とする夢を見るのは、死を考えることが彼の問題の可能な解決策として彼の心の中にぼんやりと現れていることをはっきりと示しています。どういうことかと言うと、全く希望を持たない少年の可能な道筋は、たった三つ——放浪、自殺、犯罪——です。

「時々この子は、マントルピースの上にある小さな像が目を開け、彼を見、だんだん大きくなり、燃え上がって、消えてしまう夢を見ます。幾晩かは、男達が窓から覗き込むのを見るのですが、頭の上部と目しか見えないのです」

とても面白い夢です。と言いますのは、これらの夢は、この子が昼も夜も敵に囲まれている、と思っていることを示しているからです。この子は、叫んで母親を呼ぶことができるほど脅かされている、それは自分は臆病で母親でさえも自分の面倒を見てくれないという感情を確かめるよう自己訓練をしています。

「この子は、陸軍か海軍に入りたいと思っていますが、与えられた仕事はどんなことでも就くでしょう。弁護士になることは、一生懸命勉強しなくてはならないので、望んでいません。この子は決して肉屋か医者にはならないと言っています」

医者になりたくないと言っている事実は、ある程度その気になっていたことを示すものです。しかし、学校で進歩が見られないため、結局医者になるという思いをとんでもないことだと判断したのです。この子が肉屋になりたがらないのは、継父の職業が肉屋だからだし、そもそも継父を嫌っているからです。とは言え、おそらくこのことは、残酷に至る傾向を克服しているからでもありましょう。もしこの少年がやがて犯罪者になるとしたら、殺人を犯すことになるかどうか私は疑問です。せいぜい強盗程度が関の山でしょう。

「この子は、旅行して回るセールスマンになって、世界を見たいと思っています」

このケースに関する教師の解釈は、以下のとおりです。

「私はこんなふうに信じています。つまり、母親は、多くの点でニコラスに親切ですが、この子が夫との幸せを破壊するのを母親が恐れているため、彼を悩みの種だと感じていて、彼を放逐したがっている、と。彼女は、この子が問題を抱えているため、夫が家庭のあらゆる状況に疲れきって、妻に子どもを取るか夫を取るかの選択を迫るに違いないという恐怖の渦中にあります。ニコラスは、今後夕食時に叫び声を上げないと約束し、今のところ約束を守っています。この子はさらに、放課後の午後、一週間の間父親の店に報告に立ち寄り、そこで包装を運ぶのを手伝う、と約束しました。初日こそそうしたのですが、その後は姿を見せませんでした」

さて、このケース記録の終わりになりますが、母親の心の状態に関する教師の解釈は、全く正当だと信じます。私達は、まるでニコラスのことを長い間知っていたいてかのような、そんな親しみをニコラスに感じます。私達は、彼が危険な立場にあることを知っていますが、同時に彼の怒りを鎮めることもわかっています。と言いますのは、教師がこの子と友達になることができているからです。私達は、この子にもう一人友達ができるようにしなければなりません。そうなると、学校で喧嘩ばかりしていることがなくなるでしょう。また、私達はこの子に、姉の方が彼よりも好かれていると彼が信じている誤りを説明してあげなければなりません。私達は、彼が第二子としてどうしてそんなに野心的なのか、母親が再婚したからと言ってどうして彼女を許せないのか、伝えなければなりません。継父に対しては、この子にさらに助力を惜しまず、この子の仲間になるよう説得を試みる必要があります。

学校の教師が重要な鍵を握っています。私がひっきりなしに申し上げていたとおり、この子が犯罪を繰り返すのをやめさせられるのは、学校で、教師によって、であります。学校は、社会進歩の核とならなければなりません。学校は、あらゆる社会改革の論理的な源泉です。私達は、母親と一度面接して、次のことを確信させなければなりません。それは、ニコラスは自分自身を評価されていないと思っているので、だからこそ、彼を罰したり、警察を使って脅したりしないで、彼は家族の中でかけがえのない存在であるという気持ちを彼に与えなければならないことを母親に理解させることです。おそらく社会的にうまく適応していないと思われる姉には、好戦的な態度とニコラスに対するライバル心をやめさせなければなりません。

面接

母親が部屋に入って来ます。

アドラー先生：「私達は、あなたのお子さんのことについてあなたとお話ししたいと思っています。お子さんのケース記録について検討したところ、希望の持てないケースでは全くありえないと信じています。彼は頭のいい子で、教育の初期の段階で犯してきた過ちを見つけることができ、それらを正すことができれば、彼はとてもよくなるであろうことがわかっています。私はお母さんがご自分なりに一生懸命努力されてきたことを承知しています。彼も、ご存知のとおり、彼なりの努力をしているのですが、それは自分が差別されているのだ、と感じていることを示す努力なのです。あなたが、とても良い生徒で、立派に成長しておられるお姉さんとちょうど同じくらい彼のことを愛しているのだ、ということを彼に確信させられれば、とても素晴らしいことだと思います。あなたの息子さんが、お姉さんのことを独特の強みを持っていて、お姉さんにはとても叶わないと感じているため絶望的だ、と思い込んでいることも判明しました。だからこそ彼は、問題を起こし、あなたやご家族を苦しませたいと思っているのです。

先生は、彼のケースをとてもよく理解され、彼にどうやって友達を作るか、どのようにして成績を伸ばすかを教えておられます。そこで私は、同じことが家庭でできると信じています。あなたが信頼することから始められたらいいかと思います。『あなたの妹に本を買ってあげたいのだけど、いい本を知らない？』『自分自身の部屋を欲しいと思わない？』『今日のお昼ご飯、何にしたらいいかしら？』と。こうなさることで、お子さんは自分を重要だと感じるでしょう。また、お姉さんに彼と喧嘩しないよう仕向けなければなりません。お姉さんには、彼の家庭での不幸な状況は、あなたが娘達のほうが好きだから変えることができない、と彼が感じていることで彼が絶望的になっていることを理解させなければなりません」

母親：「あの子がしていることがとてもひどいので、だれもあの子のことを好いてはくれません」

アドラー先生：「あの子があなたの家に帰って来たとき、あの子はお母さんを独り占めしたかったのでしょうが、お姉さんもお父さんもおられたので、彼が入り込む余地がなかった。それがトラブルの始まった時期なのです。あなたは優しいお母さんで、最初は彼に友達を作らせるにはどうしたらよいか、彼があなたと一緒にいたときには、おそらくご存知だったのでしょうが、彼が戻って来て、トラブルが始まると、彼をどう扱ったらよいかわからなくなってしまった。彼をいい子に変えようと努力される中で彼をあまりに責め過ぎたのです。もし友達が過ちを犯したら、人はただ微笑を浮かべて穏やかにその人に注意を促してあげるだけでいいのです。その人をうるさがらせてはなりません。叱ってもいけません。あなたが何か良い方法をなさりたいとお思いでしたら、私は彼にあなたがしてしまった過ちのいくつかを彼に伝え、説明して差し上げましょう。

あなたが他のお子様と同様に彼のことを好いていることを彼が信じられるように試みるつもりです。彼にとって家庭をより魅力的にするのがあなたの課題です。それに、家族のみんなが彼と協調しようとしなければなりません。先生も私もお手伝いしますが、あなたは忍耐強くあっていただかねばなりません。なにぶん進める上では時間がかかりますので。お子様はとても深刻な状況に置かれていますが、そのことを彼に知らせてはなりません。『あなたの行く末はひどくなる』というようなことは、彼に絶対言ってはなりません。ご承知のとおり、彼は勇気を失い、安易な生活を送りたいと思っているだけなのです。彼がより勇敢に人生に直面するよう勇気づけることがあなたの義務でしょう」

少年が部屋に入ってきます。

アドラー先生：「やあ、いらっしゃい。こちらにいる友達の間に座って、君が一番したいことは何なのか、教えてもらえないかな」

ニコラス：「ウェスト・ポイント（訳注1）に行って、馬に乗ったり、銃を手にしたりしたいな」

アドラー先生：「牧場とか農場ではまずいの？」

ニコラス：「ダメだよ、農場には太った馬しかいないもの」

アドラー先生：「君は速い馬、競走馬が好きなの？　君はお姉さんとレースをして、どちらが先に進んでいるか確かめたいのかな？」
ニコラス：「そうだよ」
アドラー先生：「だとしたら君は勇敢とは言えないと思うな。お姉さんは学校で良い生徒だ。だが君は、良い生徒になろうとする希望を失っているようだ。君の先生は、もし君がもっと勉強に関心を払えば良い生徒にきっとなれると思ってらっしゃる。君は賢い子だから、君がそうしようと思えば、クラスで最高の生徒の一人になれると、私は信じている。そりゃ時間はかかるけれど、必ずそうなるんだ。今すぐウェスト・ポイントに行けないが、入学を許されるのには猛勉強をしなくてはならない。ウェスト・ポイントに入学する一番良い方法は、学校の課題を勇気を持ってこなすことだ。友達がいなけりゃウェスト・ポイントでとても寂しい思いをすることになる。学校で友達を作ることから始めるといい。仲間と喧嘩をするよりももっと良いことをしなければならない。仲間とは友達にならなければならない。

おそらく君は、お母さんが十分愛してくれてなくて、お姉さんも君の世話をしてくれないと思っているのだろうけれど、私はお母さんが君をしっかり愛しているのを知っているし、お姉さんには、君と年がら年中喧嘩しないよう伝えるつもりだ。もし私が君だったら、お父さんと友達になりたいものだ。お父さんは立派で親切な人だし、君に敵対しているわけではない。君のお母さんがお父さんにとても好意を持っているのは、君が大人になって、どこかのお嬢さんが君を愛して、君と結婚するとわかるだろう。お母さんがお父さんを愛している事実は、お母さんが君を愛するのをやめる、ということではないのだよ。お母さんは、君のお姉さんや妹をも愛しているし、君は家族のかけがえのない一員なのだ。もし君がお母さんにもう少し手助けすれば、君のお母さんもお姉さんも君のことをもっと好きになるに決まっている。ここで提案がある。もし君が来週、人がして欲しくないことをしたら、たった一度だけどね、ここに僕に会いに戻って来るのだ。うまくやれると思うかな？」

ニコラス：「やれます」

第七章　ハンガー・ストライキ

ベティーのケース

今夜は、ベティーのケースを検討してみたいと思います。六歳の女の子で、主訴は摂食困難。この子の特徴は、周囲の状況次第で彼女が摂る食事の態度に違いがあるという点です。この子は、状況が自分の思いどおりにならないと、食べ物に対して独特の好き嫌いを表しますが、これは甘やかされた子どもに特有なものです。その一方で、結核、くる病、伝染病といった、同様に子どもが食事を摂れない器質性の病気と混同しないよう注意しなければなりません。

二歳半の子ども達がいて、不適応の子ども達に見られるのと同様の症状を時々示していたものですから、検査してみたところ、彼らは特有の器質性の変化を来していて、そのため彼らが食べ物をなかなか受け付けなかったことがきちんと判明しました。

子ども達と関わる人はだれでも、医学的な体験をいくつか重ねる必要があります。また、医学分野に関して非専門家の心理職やソーシャル・ワーカーは、診断を下すにあたって危険な過ちを犯さないよう十分注意しなければなりません。

話は戻りますが、ベティーが状況次第で食事の態度が違うと聞くとき、それは医学的な問題というより心理的な問題という疑念を持っても差し支えありません。

ケース・ノートには次のように書かれています。

「この子の状態は、母親といるときとりわけ好ましくありません。まれに食事を欲しがることがありますが、ほとんどいつも食事にだらだらと時間を費やします。食べるときは、口の中にわずかに食べ物を残し、いざ飲み込むときにはひどく苦しそうな素振りを示します」

このことは、ベティーが母親の世話への依存の度合いを高めたいと望んでいることのほとんどまぎれもない証拠です。おそらく彼女の母親は、当初ベティーを甘やかして、その後間違ったコースを辿っていることに気づき、もう甘やかすまいと決めたのでしょう。もちろん子どもにしてみれば、突然満ち足りた状態を喪失したことを恨みます。そして、母親が多分食べることの重要性を過度に強調しているのでしょうから、ベティーは母親の弱みにつけ込んでいるのです。子どもが食べ物を呑み込めないというのは、脳の器質上の重大な障害の極めてまれなケースにあるだけです。食べ物を呑み込むのに困難を伴う大人達と同様子ども達も、通常食事時間中に関心を引きつけたがっています。彼らは、非常に危険そうで、気も狂わんばかりの努力をしているように見え、食卓に同席している人達を驚かすのに成功するのですが、さりとて他の誰かがあなたにどう呑み込めるかを伝えるのは、至難の業です。

「最悪の食事は朝食です。その時ベティーに何か食べるように強制することがほとんどできません」

私は自分で説明していることが正しいかどうか確信がありませんが、このことは、私には子どもの朝の歌のようで、まるでベティーが一日中期待している困難のヒントを母親に提供しているかのように思えます。多くの神経症者、とりわけ憂鬱症のケースでは、症状は、朝最悪で、まるで患者が自分達の病気を繰り返し訴えたいかのようです。

親達は、子どもが朝食を摂るのを拒否すると、大いに悩みます。おそらく子どもの健康が損なわれると思い込んでいるからでしょう。ベティーが食べることを拒否することで、彼女がいかに力を増しているか、いかに家庭を支配し始めているか、を知るのは容易なことです。この子の目標は、家族を支配下に置くことのようです。どうしてこの目標を選んだかを理解するには、彼女の家庭内での居場所を理解しなければなりません。私の最初の推量は、彼女は単独子で、ある理由で、彼女の家族を支配することが彼女には極めて重要なことであろう、ということです。

「彼女は長い間、吐く症状を訴えていましたし、食事の困難を数多く持っていました。食べるよう強制されると、決まって吐きます。最近彼女は、吐く発作を起こしましたが、学校で突然そうなったのです。教師の主張では、ベティーが食べるのを拒否したものを教師が代わりに食べているとのことです。ベティーは、このことを不当だと感じています。その理由は、他のものは何でも二人前を要求していて、学校でも家庭でも長い食事時間の記録を持っているからです」

私はしばしば、子ども達に食べるのを強制してはならないと主張しています。なぜなら、子ども達は、私達よりも強いからです。私は、この報告からベティーの担任の教師がとりわけ厳格なのではないかと結論を下しています。この子は、家庭での一貫しない躾よりも劣悪な厳しい扱いを受けたことに抵抗を示しているのです。この子が神経症的な失神の発作を起こしたとき、冷水を浴びせるとか大声で呼ぶとかの処置をたいていするもので、このことでしばしば発作を止めるのに成功しました。しかし、不適切に野心を抱いた個人がこのような発作の手段で自分なりの方法を獲得するのに失敗したら、そんな人達は、より有効な方法をただ捜し求めるだけです。私は、とても野心的で横柄なあるご婦人を覚えているのですが、この人はご主人と一緒に車に乗るのにとても耐えられなかったのです。彼女が怖がってイライラすると、彼の手を取るかハンドルを握るかして、彼の運転をやめさせるか、運転の邪魔をするかしたものでした。奥さんがこうすると、ご主人は、彼女が夫を止めることができないと覚るまで運転のスピードを上げるのでした。皆さんはこれを治癒とか治療とか呼ぶかもしれませんが、私は、戦争中一般的であった治療法を思い出します。兵士がヒステリーを起こす、震えが起きる、しゃべれなくなる、というようなことがあると、医師は電気ショックを与えてその人を苦しめることが時々ありました。そんなことをされた兵士は、震えが止まるか、叫ぶかしたものでした。これは治療ではありません。心理的要因に基づく身体症状は、大きな強制力を用いて簡単に消失させることができますが、それによって個人の行動パターンは変わりません。その人は、いつも優越性の虚構の役割に通じる他の道を見つけ出します。ベティーが食事に難しさを伴ったり、食べたものを吐いたりすることをやめるのはとても簡単なようですが、後になって彼女は、他の症状を呈するようになるでしょう。

「二次的な問題があります。過去二年間、彼女は非社会的な態度をますます強く示すようになって、彼女の母親を含む他者に対して敵対心を明白に強めています。彼女は、人に挨拶するのを拒んでいます」

私達はすでに、彼女の発作は主に母親に向けられている、ということにうすうす気づいています。人に挨拶するのを拒むということは、とてもありふれた兆候で、興味深く説明できます。なぜならば、個々人間の挨拶の起源と丸ごと結びついているからです。多くの子ども達は、その目標が成人の置かれた環境を支配することだとすると、教師とか、路上で会った人達に挨拶をすることに困難を伴います。そんな挨拶を服従の証拠だと感じてしまうからです。例えばウィーンでは、この服従の気持ちをそれとなく示すだけでなく、はっきりと表現します。通常「ゼルヴス（Servus）」と挨拶します。これは現実には「私はあなたの奴隷（slave）です」を意味します。これは、ローマ時代に遡れば、挨拶の一つの形式で、当時奴隷は、主人に対して帽子を脱いで「私はあなたの奴隷です」と言わねばならなかったところから来ていると、私は思っているのですが。アメリカでは挨拶は、親しさをより一層示すものですね。

「ベティーは、会う人に対して気軽に、あるいは丁寧に話をしません。しばしばひどい言葉を使います。この子は、悪いと決め付けたことを忘れようとせず、不満の観念に一つ固着すると、そこから他のことへと移って行きます。現在のところ新しいやり方を実験してみようという気がないようです。この子は、新しい状況や、老若を問わず人と会うことを避けていますし、見知らぬ子とたまたま遊びたいと思ったときには、他の誰かを使ってあらかじめ接触させるようなことをします」

このことは、この子の共同体感覚が未発達であることをさらに示す証拠です。

「この子は、たくさん物事を考えているようで、しばらく長い間静かにして欲しがることが時々あり、そんな時は考えに耽ります。しかし、しばしばこの沈黙を破って、とても利発な質問をします」

他の心理学派、特にチューリッヒのユング博士（訳注1）の学派なら、この熟慮する態度は、このような子が内向型であることを示している、と言いたいところでしょう。この子は内向型ではありますが、先天的なものでなく、いかに人為的に発達させられてきたか理解できます。ベティーは孤立していて、仲間とは接点がありません。ですから、考えることしかすることがないのです。もしこの子が社交を好み、強い共同体感覚を持っているとしたら、ユングはこの子を外向型と呼ぶことでしょう。このことは単に、彼女が適切な教育を受けて、しっかり体験ができ、共同体感覚が備わる状況で育てば、という意味なのですが。私は、内向性・外向性というのは固定した資質だとは思いません。

「戸外と自然は、この子にとってきわめて大事なものです。この子は、田舎に住みたいとたえず言います。景色がとりわけ印象的だと、感動して喜びのあまり言います。『世界ってきれいじゃない？』と」

ある子が社会的で、その子に自然に関心を持たせることがずっとできるとしたら、それはとても幸運なことですが、人間に関心がないこの子に関しては、私には次のように思いたくなるのです。

つまり、彼女が自然を好むのは、勇気があるからではなく、弱いからだ、と。社会的な接触を恐れる人の中にこのような自然愛好家が存在します。このタイプの人は、小さな孤島とか森の中の小屋で、人間と離れて完全に孤立して生きたがるのです。

「そうおっしゃいますが、先日、日当たりのよい朝の新鮮さと美しさに魅了されたように見えたとき、この子は『私、不機嫌が好きなの』とハッキリ言ったのです」

このことはまたもや、この子が社会的なつながりを取れないこと、その結果、不機嫌であることが彼女に残された活動のほんの数少ない領域の一つだということを示しています。不機嫌（訳注2）であることは、彼女の母親を拒む最良の手段でもあり、だからこそ、不機嫌であることを好んでいるのです。

「両親によれば、食事の問題はこの子が生まれて以来存在しているのですが、他の問題は、新たに発生しているとのことです」

この意味は単純です。ベティーは、方法を変えはしましたが、全般的な状況は変えていないのです。

「この子の現在の家族構成は、母親、父親に子ども一人です。両親間の関係は、愛情に満ちたもので、家庭は、結婚して幸福が実現された一典型と言ってよいかもしれません。ただ、経済的な緊張と、母親の実家—母親が緊密なかかわりを持っているのですが—で長患いの人がいることで比較的神経がピリピリしています。両親共々神経質で、時々そのために神経の爆発が起きています」

単独子は、たいてい大家族の一人の子どもという地位に甘んずることなく注目の中心であることを強く求め、こんな子どもは、両親がお互いに深く愛し合っているのを知ると差別されていると感じるということは、私達がすでに考えていたことです。結婚が不幸である場合、子どもがそれに順応するのは、通常は問題なのですが、だからと言って、子どもを育てるのに最も重要な事柄は幸福な結婚だ、とは主張しかねます。私達はいつも、家族の状況をその関係性という視点で見なければなりません。それができて初めて、両親に対するその子の関係の取り方を理解することが可能になるのです。

ここに来て私達は、ベティーと母親との間の葛藤に関してより多くの手掛かりを手にしました。母親が実家にいる親の病気に没頭しているために子どもへの関心を欠いていることは、疑う余地がありません。両親側の神経の爆発は、いつでも子ども達にとっては困難なことで、とりわけ野心的で、舞台の中心に留まるのに慣れている子どもにはなおさらです。そんな爆発をしていると、ベティーが自分の優越を証明するチャンスがなくなります。この子は、共同体感覚に欠けていることで外部の人達との接触が持てないでいましたが、神経が緊張していることで家族の中でもこの子のための道が閉ざされてしまっているのです。彼女が優越性を表明できる唯一の残された領域は、食事の際に気まぐれを続ける他にないのです。

「父親は作家で、母親はビジネスをしています。収入内でやりくりするためには、所得を合算するのが欠かせません。アパートには四つの大きな日当たりのよい部屋があります。両親で一つの部屋を占有しています。この子は、メイドと部屋を共有していますが、自分自身のベッドで一人で寝ています。父方の祖母がいて、この人は、最初からこの子の食事と体重を心配し過ぎていて、これらのことを子どもが聞いているところでいつも話題にしています。この子は、自分の不安を両親に転嫁するのに成功を収めています」

紛糾の種が新たに出てきましたね。祖母は、たいてい子ども達を過度に甘やかし、母親に困難を負わします。特に父方の祖母だとなおさらです。私は思い切って推量します。つまり、父方の祖母と、この子の母親との間には違いがいろいろあるのだ、と。祖母は、食べ物の重要性や意味に関するこの子の考えをますます大きくし、この子が食べることがこの世で最も重大な問題であると信じ込ませるようにしたのです。

「母親に対する祖母の態度は、この子のいるところでも一貫して母親に批判的で、母親は、祖母の影響でこの子が自分に批判的で憎たらしい態度を取るようになったと信じています」

注目の中心になることによって家族を支配したいと思っている子どもが、祖母の側に立つのは自然なことです。何しろこの祖母は、とても親切で、不安が強く、この子のことを家族がちゃんと心配していないと思っているのですから。けれども、祖母が疑いもなく重要な役割を演じてはいるものの、ベティーの困難の原因をこの祖母にすべて帰することはできないでしょう。

「この子は、完全に健康な状態で生まれ、七カ月間母乳で育てられ、それから離乳しました。その直後、不純なミルクを与えられ、そのことが原因で腸に障害を引き起こし、治るのに長期間を要しました。彼女の発達は正常でした。この子は、十四カ月で歩き、十五カ月で口を聞き、すぐに文章で二語文を形成して話しました」

腸の障害ということは、家族の中で食事の重要性に関してもう一つの手掛かりが得られます。もう一つのデータは、この子が並外れた知能面の発達を示しているのがわかるため重要です。

「この子の習慣は優良です。この子はとてもきれい好きですが、親指しゃぶりをする癖があります。彼女のこの習慣をやめさせるのは、とても難儀でした」

親指しゃぶりは、一般的には注目を引きつける手段です。ベティーのこの習慣をやめさせるのは、おそらく困難だったでしょう。と言うのは、彼女にしてみれば、親指しゃぶりは、簡単に注目・保護を得られる手段だと知っていたからです。とは言うものの、この習慣について違った意見がいくつかあります。フロイト派の親指しゃぶりに関する解釈では、性的コンプレックスだとか性的倒錯だ、と言うのです。ずっと合理的な説明は、ニューヨークの児童相談研究所のダビッド・M・レヴィー博士が主張しているものです。レヴィー博士の発見によれば、子どもがたっぷり、すぐ溢れるほどの乳が出る母親の母乳を与えられると、口と顎の健全な訓練が不足し、親指しゃぶりがその補償になるのだ、と言うのです。レヴィー博士の説明は、なるほど親指しゃぶりの一要素かもしれないとは思いますが、ある子が親指しゃぶりによって注意と観察を引き寄せられると感じたら、その子はその習慣を形成しうると、私は信じています。

「ベティーが手を縛られたとき、彼女は吐く手段に訴えました」

言い換えると、もう一つの方法を用いて、自分はもっと強いのだ、と証明したのです。フロイトならば、この子は性的欲求を抑圧しなければならなくて、それで吐いたのだ、と言うことでしょう。

「母親は、この子が初めて吐くようになったのが、制限を加えていたことに反発したのか、食事に対する反発なのか、思い出せないでいます。この子は、禁止されるとそのことにいつも激しく反発します」

私達は、支配したがる子ども達が禁止されることに腹を立てることを容易に理解できます。こんな子ども達は、罰に影響を受けるはずがありません。

「二歳になる以前のことですが、ベティーが玩具を捨ててしまうと脅されたとき、この子は『へっちゃらよ。いらないもん。私は、窓から外を見て考えていればいいんだから』と答えました」

この子は、なんとたやすく虚構の優越性の目標を維持することでしょう。それは、自分がもっと強くありたいというプライドの表現なのです。

「家族の社会的な地位は、中の上のクラスに属します。両親の友人達は、主に専門職に従事しています。この子は、父親に服従するのをかなり喜びとし、とても強く父親に愛着しています。父親が母親を愛撫すると、『私にもキスして』とか、『私も抱いて』と、自己主張の言葉をハッキリ言います」

この子は、両親間の愛が深い分だけ自分に向けられるべき愛情が損なわれることになる、と信じているのが明白に示されています。

「母親は働きに出ねばならず、この子が二歳半の時、よく訓練され、親切な乳母と共に数週間遠くに行かされました。極度の一体感ができてしまっていた母親と引き離す目的もありました。両親は、離れることで食事の問題も矯正できることも望んでいました。この時期は、母親が実家の家族の病気のため家を留守にせざるを得ない時とほとんど重なっていて、その間この子は、悲しみのあまり泣いてばかりいました」

自分を甘やかしていた母親から突然捨てられることは、ベティーにとって理解できないのは当然のことです。この子にとって悲劇そのものでした。

「この子が家から引き離されている間、彼女は数日間静かに悲嘆に暮れる日々を送っていましたが、結局はその状況に慣れ、外見上順応しました」

「外見上」という言葉を使っているのは、適切です。以降の発達を見ると、ベティーが決して母親を許していないのが分かるからです。

「母親は、自分が家を留守にせざるを得なかったことをこの子が決して忘れてもいないし、許してもいないと思っています。この後ほどなく、この子は実験タイプの私立学校に入れられました」

母親は、ベティーの状況をずっと理解していたように思われます。ただ、どう矯正するかは知らなかったようですが。

「この子は、苦しいほど泣き叫んだり、食べるのを拒否したり、吐いたりして、学校に激しく反抗しました。これが三カ月続きました」

ベティーは、抵抗し続けるのにものすごい力を発揮しています。私は、このことをある意味で見込みのある兆候だと思っています。と言いますのは、もしこの強みが建設的な道筋に向けることができたら、この子はリーダーになるでしょうから。

「その後この子は、泣かないで学校に行く、と宣言し、それ以降このことに関しては何のトラブルもありません。この子は、現在幼稚園の年長で、とても人気者です」

この子が突然変化した理由は、自分の問題を克服するよりよい方法か、より有利な状況を見つけたからに違いありません。この子が他の子どもへの関心が欠けているという観点からすると、この子の人気があるということは、むしろ驚くべきことです。しかしながら、多くの甘やかされた子ども達は、人を引きつける素晴らしいテクニックを育てることができるのです。おそらくベティーの場合も該当するのでしょう。

「最近までこの子は、年上の男の子を引きつける、とても際立った力を備えていて、その魅力を嬉しそうに発揮していました。彼女の影響力は、並外れるほどだったので、教師達は、どんなふうにこの子が男の子を引きつけるか知ろうと努めたのですが、そのやり口を知ることができませんでした」

このことから、この子が他の人達に自分を甘やかさせるテクニックをうまく身につけている、という私達の信念を確認させてくれます。男の子に関するこの子のやり口は、父親を手なずけるのに使っていたのとおそらく同じものでしょう。

「この子は、過去に二夏、それぞれ三カ月家を離れて、学校の教師の一人が運営するサマーキャンプに出されました。昨年は、他の子と、その両親と一緒の二週間の旅行が加わりました。この子がとても愛想よく振る舞ったので、その両親は彼女を絶賛しました。それなのに、毎年行く前になると、行きたくない、と言い出します。今年も同じように激しく主張したくせに、いざとなるととても喜んで出かけました」

ここにこの子がどうすれば自分を他の人に可愛がってもらえるかを知っている証拠がもう一つ挙がりました。外に出されることに対する抗議に関しては、彼女の両親を困らせる手段として使っているに過ぎません。

「この子は今年、他の友達がそうしているように母親と一緒に出かけたいと言い張っています」

これは今、彼女の魂に燃え盛る火、つまりこの子が母親と一緒にいたい、という願いです。とても利口なやり方で「友達もお母さんと行くのだから、私もママと行きたい」と、母親の責任を問うているのです。

「この子の娯楽は正常です。この子は、午後は毎日四時半まで学校にいるため路上で遊ぶ友達がいません。この子は、自分からピアノに向かうのが好きで、明らかにその才能があり、個人レッスンを受けたことがないのに、とても美しいピアノの小品を何曲か作曲しています。彼女の学校の教師によれば、この子がやろうとすると何でもうまくこなせるとのことです。勉強に関しては、神経過敏気味であることも認められています。この子は、自分が優れていると思わない限り安心しません。自分が優位であることを示せない懸念があると、勉強すること、遊ぶことをしません」

ベティーの学校での行為は、非の打ちどころがありません。叱責を受けようものなら、それがどんなことでも、この子のプライドや野心をずたずたにしてしまうほどの侮辱になってしまうからです。

「この子は、きょうだいがいない欠乏感を感じていて、家で誰も遊ぶ人がいない不満を口にしています。友達を招くことをするのですが、一人になるといつもまたトラブルが起き、母親が家を留守にして仕事に行くことについて、いつもしつこい抗議が始まるのです」

本当にきょうだいが欲しいのかどうか疑問です。おそらくこの子は、男と女のどちらにしてもきょうだいを持ちたがっていないのは確かです。この子の抗議は、むしろ母親に対する非難だと考えられます。この子は、実際のところ母親を家に置いておきたい、自分で独り占めにしていたいと思っているのです。

「この子は、母親を家に引き留めておくためには、涙や祈りを使ったり、さらには罪を着せたりすることまで試みました。例えば、『ママが家にいてくれさえすればお友達になれるのに』と言ったりしています。この子の日課は、年齢の割に正常です。わかっている限りでは、夢を見ることもなくよく眠りますが、ほんの例外として、ライオンと虎が階段を駆け上がってくる、と悲鳴をあげながら目を覚ますときがあります」

ベティーはとうとう、夜中に両親をいらつかせたり、独り占めにしたりする方法を見つけ出しました。ライオンと虎は、この目的にはすこぶる有効です。

「母親は、毎朝この子を学校に連れて行き、父親は、時々彼女を迎えに行きます。この子の関心は、その対象が子どもでも大人でも、ほとんどすべてと言っていいほど人々の反応を窺うことにあるようです。この傾向は随所に見られ、まるで他者の反応を引き起こしては、ただ観察し、コメントを添えるためにだけやっているかのようです。この子は、自分が目を付けている人の特異性をとても素早く正確に報告します。この子の心は、間違いなく論理的で、分析的です」

これは一体どういう意味でしょうか？　これは、作家として人々の反応を常に観察しなければならない父親の模倣です。女性が論理的でも分析的でもあるはずがない、という迷信を皆様方の多くがご存じなのは、疑う余地もないでしょうが、そのことが誤りであるという例がここにあります。このケースのように、どの女の子でも、自分の目的に叶うならば、論理的にも分析的にもなり得るのです。

「この子は、次のようなゲームを考案しました。ベティーは判事で、遊び友達は、警官の役割を演じ、裸の女性を逮捕して、その女性をベティー判事の前に連れ出しました。ベティー判事は、次のような判決文を読み上げました。『裸の女性に関してすることはただ一つ、電気椅子で処刑すること』」

これは意味深いゲームです。と言いますのは、このことは第一に、この子が男女間の違いを理解していること、第二に、彼女が劣等感を発達させていること、を示しているからです。この子は、裸の男性のことでなく、裸の女性を話題にしています。これは彼女の男性的抗議（訳注3）です。同時にこの子の、女性であることを恨んでおり、男性になりたいことの表れです。私達は、この子が父親の模倣をしても驚く必要がありません。この子は野心が高くて、女性の役割について考えも及ばないのです。

「このような裸は、この子にしてみればビックリするほどの事実ではありません。彼女はしょっちゅうキャンプ仲間の裸を見ているし、彼女が偶然浴室に来るときでも、両親は彼女に入浴しているのを見られることを全く気に止めないくらいですから」

この子が耐えられないのは、裸でなく女性が対象です。

「この子は、長い間悪い動物や悪い人間について話してもらうのを要求していました。この子は、よい物語には関心を示さないのです」

悪い動物についての物語は、夜中に母親に面倒をかけるのにとても有効な材料のようです。共同体感覚のない個人は、人は本来的に悪人である、と信じるのを好みます。最も利己的な哲学者達がこのような理論を後押ししています。共同体感覚のある個人は、たいてい寛容で親切で、人々を悪くする要因を理解しようとします。さらには、よい人達についての物語は、実際読んでもさほど面白くありません。朝いつも微笑んで起き、家族に丁寧な言葉をかけ、笑いながら働きに行き、子ども達にプレゼントを、妻には花を持って帰り、どんな時も親切でソフトで優しい善人の物語に興味を持つ人はまずいないでしょう。しかし、もしあなたが残酷で分別に欠けた悪人の物語を語るとしたら、あなたは読者を確保できるでしょう。

「この子は最近、次のようにとても劇的なやり方でクラスメートを驚かしました。『あなた達がこれこれのことをしないと、今夜インフルエンザに罹るように菌を送るからね。開いた窓から菌を送るからみんなは死ぬの』と。仕舞いには、この子はその話を自分で信じてしまい、窓を閉めておくよう言い張りました」

皆さんには、「みんなは死ぬの」という言葉の中に魔法の力を求めようとする彼女の努力がおわかりですね。この子は、神のような存在の役割を担い始めつつあります。この子は、生死を司る支配者になりたい、自分に従わないときは、そんな人達を殺してしまいたい、と思っています。ここにこんな子どもの人生の悲劇が垣間見えます。この子の共同体感覚に欠けていること、支配的な態度を取っていることで、他ならぬこの子自身が復讐の剣先を向けられることになるでしょう。この剣を使う者は誰でも、この剣によって滅びるのです。これが人生の残酷な論理です。

私は、この子が今晩病気であると聞いていますので、話をできるのは母親とだけ、ということになります。私達の見解に添って彼女を説得できるかどうか定かではありませんが、状況を彼女に説明するのは、私達に課せられた問題でしょうし、そのことによって彼女がベティーに説明しなければならないことになるでしょう。この母親は、いろいろな点で非常に正しく振る舞ってきていますし、首尾一貫して子どもの行動を理解しています。彼女は、食事というのが祖母の考えているように重大な事柄でないことをベティーに伝えなければならないでしょう。ただ、そう伝えたとしても祖母が傷つかないように、です。例えば、祖母の言っていることはもっともでも、このことについて祖母が十分知り尽くしているわけではない、とこの子に言うことができます。この子は、もっと友達を持った方がいいでしょうし、友達の間で有益なリーダーシップを発揮するよう自分で自分を訓練できるような勇気づけが必要です。

面接

母親が部屋に入って来ます。

アドラー先生：「私達は、あなたのお嬢さんのお話を注意深く検討して来まして、彼女がとても頭がよく前途有望な子であることがわかっています。私は、彼女の行為に関するあなたの理解が多くの点で素晴らしいものであった、と思っています。あなたが家族のことでお忙しかったとき、彼女が自分は見捨てられた、と感じ、そのことであなたを許せなかった、と思われます。彼女は、自分の現在の目的が、見捨てられたことであなたを罰することであることに気づいていませんが、もしそのことを彼女と話し合えれば、彼女はあなたのお気持ちをわかってくれる、と私は信じているのですが」

母親：「私は何度も何度もそのことをやって来ましたが、娘が関心を示しません。彼女は、そのことにハッキリした態度を取りませんし、それに感情的に巻き込まれているし、とても恨んでいるので、心をそこに向けるゆとりもないのでしょう。あの子は、私の地位についてとてもイライラしていて、『ママは私の学校にお勤めしたらどう？』と言います。私は、あなたの学校にお勤めできないし、そんなことしたとしても十分なお金を稼げない、と彼女に言っているのですけど」

アドラー先生：「十分お金を稼げないので、彼女がどんなにひもじい思いをするかを見るために十四日間それをやってみましょう、と彼女に言ってみることをご提案したいところですね。もっとも彼女がこのことに同意するかどうか疑問ですがね。何しろあなたのご家庭では、食事の問題がとても重大ですからね」

母親：「そのとおりなのです」

母親は、インフルエンザのこと、この子が他の人をじっと見ることを話題にします。

アドラー先生：「彼女がインフルエンザを恐れていることは、彼女がインフルエンザが遊び友達を呼び寄せる力が本当にある、とあなたに示すためのものです。このように彼女に説明してもいいのですよ。それに、あなたは子どもの頃から注目の中心でいたがっていた、と彼女に伝えてください」

母親：「私はあの子を聞き分けのいい子にしようとして来ましたし、ある程度進展はありました。ですが、それからは立ち往生の状態です」

アドラー先生：「あなたは正しい言葉がけの仕方が見つからなかったのでしょうかね。彼女を散歩に連れて行って、親しみを込めてこう言ってみることですよ。あなたを家に残しておくことはとても心苦しかった、と。自分としては、できるだけ多く彼女といることを望んでいるのだと印象づけ、そしてそれから、彼女の理性に働きかけ、もし彼女が家族の面倒を見なければならないとしたら、働かないでいられるかどうか、尋ねてご覧なさい。その後、彼女が一人娘であることを思い起こさせて、彼女が食事についての問題を作り出すことで家族を支配しようとしていることを、それとなく言ってみて下さい。実際そうなのかどうか全部確かではないけれど、そのことで彼女と話をしてみたい、と彼女に言っていただきたいのです」

母親：「最近身内で結核や他の原因による死人が数人出ました。そんな不幸があってから、あの子は食事の状態がとても悪いのです。あの子は、自分のしていることにとても気を使います。あの子は、『私が今晩食べなくても、きっと死にはしないわ』と言います」

アドラー先生：「彼女は、ただあなたをイライラさせ、自分の関心にあなたを引き込みたいと思っているだけです。彼女が実際に伝えたいことは、『私は食べないの。お母さんは、私が死ぬのを恐いと思わないの』ということです。それと彼女は、あなたが悩んで無理に食べさせるだろう、と信じているのです」

母親：「あの子の他の反応に比べると、食べることについての騒ぎは実際さほどではありません。あの子は、お友達のことには全く関心がありません」

アドラー先生：「このことは、学校で最もうまく解決可能になると信じています。彼女の先生は、真実の友人のように彼女に語りかけ、他の友達を支配したり攻撃したりするのではなく、彼らを助けることによってどうしたら彼らのリーダーになれるかについて教えてくれるでしょう。よろしければ、この点について彼女とお話しになってもよろしいのですよ。ただ、批判はなさらないで下さい。あなたは、私が申し上げていることをご理解されると信じています。彼女の人生の目標は、あなたをイライラさせることで、一人っ子にはありふれたことです。とりわけ一度過度に甘やかされて、その後見捨てられた場合には、です。私達は、彼女をより社交的に、より他者に関心を持つようにしなければなりません。あなたは、あらゆる場面でこのことをどうすれば達成できるかについて友好的なヒントを与えることで最もよくなし得るのです。あの子は、とても考えが深いのですから、理解するでしょう。彼女は、これから先いつも一人っ子であることを不確かに思っているのですか？」

母親：「そんなことないです」

アドラー先生：「あの子がどんなに賢いかおわかりでしょう。彼女は、他の子のために祈ることができることを、また、その祈りが聞き届けられないことを知っています。彼女が男の子の方がよかったと思っていることはご存じでしたか？」

母親：「はい。あの子は、男の子の方が自由があると信じています」

アドラー先生：「彼女は、劣等感を持っていて、それで戦ったり、人を傷つけることをするのです。それでも私は、彼女は素晴らしい女の子だと思っています。もし彼女が傷つけたら、人をののしることは、ちっとも賢いやり方でないこと、立派な大人なら決してしないことを言い聞かせることもできます。あなたは、次のことをなさらなければなりません。彼女をもっと自由にさせること、彼女を信頼するようにすること、家庭内のこまごましたことに意見を求めること、彼女を大人として扱うこと、彼女が責任を果たし親切であることで重要な居場所を確保できると感じさせること、です。彼女がいつも家族を支配しようとしてきたことも説明しなければなりませんし、また、あなたもご主人も家族を支配しようとしていない、何しろ家族は、一人は全体のために、全体は一人のためにあるパートナーなのだということを指摘しなければなりません」

母親：「とてもいいアイデアだと思います」

第八章　リーダーに従え

マイケルのケース

今夜は、十二歳八カ月のマイケルという少年のケース記録を検討してみたいと思っています。ちなみにこの子は、これまで何度も強盗を働いて捕まっています。この子は、組織としてはあまりまとまりのない非行少年団の一員で、その集団のリーダーは、十四歳の少年。この少年が盗み方を年下の子ども達に教えています。

私達の第一印象としては、マイケルは自分の環境条件に関して著しい不満を持っているに違いない、ということです。この非行少年団のリーダーがマイケルに盗み方の影響を与えているとすれば、学校や家庭でよりも少年達の中でより重要な立場にいることが明らかです。ケース・ノートには次のように書かれています。

「この子は、リーダーだった『バルディー』が遠方の施設に送られるまでほんの数回盗みを働いていました。これは二年前ほどのことでした。現在バルディーは戻って、近所に住んでいます。そして、少年達は、何度も盗みで捕まっています」

少年達が単独で盗みをしていないのは、重要な要素です。この子は、非行少年団に利用され、酷使されているのです。おそらくリーダーは、マイケルの自己本位の性格をおだて上げているのかもしれませんし、あるいはマイケルは多分、リーダーとしてあがめる親分に盲目的に従う知恵遅れか、それに近い子ども達の一員なのかもしれません。犯罪のケースを学んだことのある人なら誰でも、このタイプのメンバーがどんな非行少年団にも見出せることを知っています。こんな子ども達が手先になって実際に盗みを働くのです。

この子は、実際は知恵遅れではなく、極度に他者に依存的であるのが明らかであるようです。この子は、下っ端になることに甘んじていて、盲目的にリーダーに従うことで歪められた優越感を確保しているのです。

「マイケルは、少年裁判所に出廷させられ、目下保護観察中です」

子ども達にとって保護観察がよいか、そうでないかをここで論議するのは困難です。ではありますが、たった十二歳の子どもが裁判所につながる保護観察状態にあることは、この子の立場からすれば、自分の価値をますます低下させる感じがし、屈辱的な思いを強めるかもしれないという点で重大な困難を伴います。

「父親と母親はウクライナ生まれで、母親は、ほんの少ししか英語をしゃべれません。父親は、かなりうまく英語を話します。彼らは、ニューヨークに住んで約三年になります。父親は、八時から五時まで工場で働き、母親は、五時から九時まで事務所の清掃の仕事をしています。両親とも帰化して米国の市民権を得、子ども達は、全員米国生まれです」

母親が英語を容易に話せないということは、ハンディキャップを増すことになります。このようにささいな事柄も子どもの社会的な発達を容易に妨げることになりうるのです。さらに、子ども達が家にいるとき、両親は実際揃っていることがないときています。

「子どもは三人いて、十四歳六カ月のレオン、十二歳六カ月のマイケル、六歳のマリー。彼らは、旧式借家タイプの4室のアパートに住んでいます。エレベーターも浴室も暖房もなく、トイレは廊下にあります。寝室は二つあります。マイケルとレオンは一緒に寝ます。家族はカソリック教徒です」

マイケルの兄がリーダーの資質を発達させてきて、マイケルが兄の仲間、パートナーとして対等感を感じるため兄に従属してきた可能性があります。マイケルは、自分自身をリードされる立場に置くことで、リーダーの注目と評価を得ているのです。兄が二歳年上、妹が六歳年下ということは、おそらく妹よりも兄の方がこの子のパターンに影響を与えたのでしょう。家庭の記述によれば、彼らはとても貧しく、家族の状況が悪いであろうことが判明します。

「マイケルは、出産も発達も正常でした。一歳で歩行し、その後すぐ口を聞きました。この子は、彼自身の家族を含めて誰とでも親密で友好的だと思われます。この子は、学校で人気があり、他の子ども達とうまくやっています」

この履歴を聞くと、この子の心理についての私達の仮定を確認できます。この子が友好的、服従的であることから、この子は、どんな軽犯罪でもリーダーたり得ないのです。

「マイケルは、自分が好きでない先生が何人かいたが、現在の先生は好きだ、と言っています」

明らかにこの子は、親切に扱って欲しいと思っています。彼の行為は、『僕に優しくしてください。そうすれば僕はあなたに優しくします』という権威者との協定によるものです。この子はいかにも控え目なので、彼をリードして犯罪に荷担させることが可能だからなのです。この子をよい事にリードするのも同様に容易なのですが、これだけでは満足できません。彼には自立することと自分を信頼することをも教えなければなりません。この子に注意を与えたり、彼を説教したりするだけでは十分ではありません。この子には自分自身で責任を取る感覚を身に付けさせなければなりません。

「この子は、たいてい路上で遊んでいます。この子は、鬼ごっこ、野球ゲーム、サイコロ投げをして遊んでいて、他の子ども達には全般的に好かれていますが、年上の少年には手下にされやすいのです」

私達の仮説がこのケース記録で何度も何度も確認されつつあります。マイケルは、評価されるためなら何でもしてしまうのです。

「マイケルによれば、自分には時々映画に連れて行ったり、家を訪問したりする女の子が一人いるのだそうです。彼と兄は、交代で靴磨きをやっています。二人は、靴磨きの道具を持っており、放課後や土曜日に仕事に出かけます」

「彼と兄」。この子がリーダーとともにいなければならない、という事実をまたもや確認できます。女の子と付き合うというのは、年上の少年を模倣する明らかな素振りです。

「マイケルの母親は言っています。『マイクはいい子です。あの子は家ではいつも幸せです。時々妹をいじめることはありますが、妹と一緒に遊ぶのが好きです。バルディーと出かけているのは知りません。バルディーはとても悪い子です。マイクはバルディーと知り合うまではトラブルを引き起こしたりしませんでした。あの子は二度学校を休んだことがありますが、一度はコニーアイランド（訳注1）に行ったとき、もう一度は私について病院に行ってもらったときです。私はうまく話せません。マイクは今、悪い子ども達と外に出かけます。引越ししようとしています。そうすれば、いい子と付き合うだろうと思っています』」

「母親によれば、彼女が五時に仕事に出かけると、父親が彼を監視して彼が外に出ないようにしている、とのことです。彼女は、この子に往来に出かけてしまわないように、放課後いつでも厚生施設に行ってもらいたがっています。マイケルは、時々一ドルか二ドル稼いで、それを家に持ち帰り、母親に渡しています。すると母親は、彼に五セントか十セントあげます」

子どもが自分の稼いだものを家族に差し出すのは結構なことですが、おそらくこのケースでは、このことは自己卑下のさらに進んだ兆候のようです。母親が隣人の違った環境に引っ越そうとしていることは、全く正しいことです。この子の身を移すことは、この子がたえず誘惑されているのならば、好ましくない環境に身をさらしているのよりましです。父親はマイケルを指導できますが、父親がいつも家にいることができないので、マイケルは年上の子ども達の影響を受けざるを得ません。唯一彼を正すことができるのは、彼をもっと自立的にすることです。

「父親は言っています。『マイクは悪い子ではありません。あの子は、私のポケットからお金をくすねようとすればできるのに、決して家でお金を取ったりしません』。レオンはマイクに対して兄としての態度を取っています。マイケルは、兄のためにも戦い、兄とともに戦います。兄は、弟が防衛しているところでどうやって自分が他の子どもをやっつけているか、熱心に語ります。しかし、兄はマイケルに対して非常に強い優越感を感じています。兄は、学校でかなり出来がよく、よい成績を取っています。兄は、盗みとかサイコロ遊びをしません」

このケース記録を聞くと、私達の先ほどの推測が次から次へと確認できます。兄がマイケルとともに戦い、彼を押さえつけているのは、マイケルが兄を英雄として崇拝しているにもかかわらず、自分自身の内部にある劣等感を克服するためです。

「マイケルは言っています。『僕のお父さんとお母さんは、レオンが一番好きなんだ』と。レオンは、しきりにこのことを確認し、小さな妹も自分のことを一番好いていると付け加えます。マイケルは、母親と小さな妹をとても好いています。それでいてこの子は、家族が自分のことを認めてくれていないのを憤りに感じていても、それを表面に出しません」

マイケルが憤りを示さないでいるのは、おそらく彼が従属的な地位に甘んじていることで、ある程度利益を引き出しているに過ぎないからだけなのかもしれません。この子の知能が本当に低いのかどうか知るのは重要です。そこで、この情報を知るために学校の通信簿を調べてみましょう。

「マイケルは、ニューヨークの工場街で生まれ、父親も母親も一日中工場で働いていました。子ども達は、朝八時に保育所に連れて行かれ、夕方の五時か六時に引き取られていて、これは三年間続きました。保育所の後は、カソリックの学校に入れられました。マイケルが八歳の時、家族はミシガン州に移ったのですが、同年ニューヨークに舞い戻ってきました。この引越しのために、マイケルは入学が一年遅れました。八歳を過ぎていたにもかかわらず、マイケルは、一年生として入学したのです。この子は、現在四年生の前期のクラスにいます。彼の最も得意な科目は算数で、読み書きが大の苦手です」

一年の入学の遅れによって年下の子ども達と同じクラスにさせられたことにこの子が屈辱感を抱

いているのは、十分あり得ることです。この子は、左利きかもしれません。あだ名がギッチョだからです。

「教師は、次のように言っています。『私はマイケルが好きですし、子ども達も彼のことが好きです。彼は喧嘩をしません。知能テストの結果では、彼の知能指数は七〇です。運動機械的検査では、彼は手を使う能力に優れていること、得点は年齢の平均であることがわかりました。情動の検査では、彼が盗みを働き、少年裁判所に連れて行かれることをとても気にしていることがわかりました。彼は、非行少年団の年上の少年達を恐れている様子です』」

知能指数が低いということは、多くの人達にこの子が知恵遅れだと信じさせてしまうことでしょう。しかし、彼のライフ・パターンは、勇気をくじかれ、恐れを抱いていることから来ていることを思い起こさなくてはなりません。私は、この子をより好ましい状況に移すことに賛成する立場です。

「昨夏、マイケルは、二カ月間、無料のキャンプに出かけました。彼の成績は、水泳が優、体育と音楽が良でした。彼の態度は協力的で、人の力にもなりました。カウンセラーは、次のように所見を書いています。『マイクは、このシーズンで輝かしさが目立ったうちの一人です。彼は、私が今まで出会った中で最も元気な笑顔をしていて、その笑顔をいつも絶やすことがありませんでした。彼は、典型的な楽天的タイプです。彼が日課となっている仕事をしたり遊んだりしているときはいつも、陽気さがみなぎっていました』」

もしマイケルに誰かが自殺するように頼んだとしたら、この子は喜んですぐにそうしてしまうかもしれません。多くの問題児に囲まれているカウンセラーは、運動能力が高くいつも快活な子どもを評価するのは当然でしょう。この子がいつも笑顔でいるのは、自分の行為の責任を他人の手に委ねているからです。この子は、好ましい環境下では決して問題を起こさないでしょう。

「一九二九年三月三十日に至る数カ月間のうちに、この子は、ちっぽけな盗みをいくつか働き、その盗みは財布をいくつか奪うのがせいぜいで、総額で中身が六十ドルに達する程度でした。仲間は空き部屋に集められ、そこで窃盗グループが編成されていました。盗みは、非行少年集団の仕業であることが突き止められましたが、バルディーをリーダー、もう一人の少年をブレイン、マイケルを手先としていました」

マイケルがこの種の活動の扇動者、あるいはリーダーではないだろうことが明らかになっています。

「マイケルが自供したところによれば、彼は表玄関から入り、建物の管理をしているエレベーター係に彼を追わせるように仕向けたのだそうです。エレベーター係は、『捕まえたらお前の首をひねってやる』と脅したとのことです。この子が追われている間に、他の少年達が建物のなかに上って行って、財布と時計を盗み、お金を分配しました」

エレベーター係に追われるということは、英雄的な役割でもなさそうです。

「マイケルによれば、ブルックリンでの強盗では、自分は何もしていない、と言っています。彼が言うには、自分の仕事は『警官を見張る』ことだったそうです。警官がやって来るのを見たとき、彼は『ひよっこ』と叫びました。他の少年達は逃げました。結果としては、走るのがそんなに速くなかったため、全員捕らえられ、裁判所に送られました」

またしても劣等な役を担っています。

「非行少年集団は、毎日曜日、マイケルの家の前でクラップ博打（訳注2）もやります。マイケルは、『バルディーは、喧嘩すると噛みつくんだ』とバルディーを恐れています」

こういう時彼が従属状態に身を置くのは、おそらく単に恐いからなのでしょう。

「この子の最も古い記憶は、『僕達がリトル・フォールに住んでいるとき、僕達はよく西瓜を盗んだのを覚えている』というものです」（訳注3）

『僕はよく盗んだ』と言っていないのが興味深いですね。マイケルは、一人だけではないのです。私は、この子が盗むのが悪いと理解しているかどうか疑問です。この子は、多かれ少なかれ非行少年団の影響を受けて催眠状態にあるのです。非行少年団のなかでは、この子は、自分が誰であるのか、自分の責任が何であるか、見失っているのですから。

「僕が小さかった頃、床にネズミの穴があって、僕がその中にマッチを差し込んでたら、その一本がベッドに落ちて燃えてしまった。兄ちゃんが一階に下りて行って、父ちゃんを連れてきた」

この回想は、マイケルが何か一人で行動すると、失敗と災難が後で必ず起こる、という彼の信念を表しています。同様にこの子は、誰かがいつもきっと助けてくれるだろう、とも信じています。これは、自分の本来の劣等感を克服しようとせず、自分自身の責任で思い切って何かをしてみようというのを極度に恐れている一人の子どもなのです。彼の生活は、自分の兄によって、教師によって、バルディーによって、非行少年仲間によって支配される場面ばかり連綿と続くのです。

「僕は、とても素敵な大きな部屋がいくつもある宮殿、お城にいる夢を見た」

おそらくこれは、マイケルが人生でより重要な地位に就きたいと思っている証拠でしょう。

「もう一つの夢は、『ある晩寝ていると、一人の男が入って来て、お母ちゃんを奪い、お兄ちゃんを撃った。僕は馬に乗って、その男を追いかけ、奴の心臓を二度打って、馬から落とした』」

「こんな夢を見た。お母ちゃんが死んで、僕は泣いていて、お母ちゃんを殺した奴を捕まえようと思って、そうして奴を捕まえて殺した。そいつは、大きなギャングだった」

この夢では、この子は英雄の役割を演じています。家族の誰かを失うのではないか、という恐れをも示しています。この夢は感情的には、「お母ちゃんとお兄ちゃんがいるのは嬉しい。僕がとても弱いからだ」と言っています。リーダーなしで放置されるほどの大惨事は、とてもこの子には想像できないのです。

「『大人になったら何になりたいの』という質問に対しては、マイケルは即座に答えました。『市の警察部長』」

マイケルが市の警察部長になりたいのは、彼の理想が命令する人、最も強い男を象徴しているからです。それは、彼自身の弱さの補償です。

このケースについての教師の解釈は、次のとおりです。

「マイケルは、母親が大部分の時間を働かなければならなかったこともあり、実際幸運には恵まれていなかったのです。兄のレオンの方が学校でも家庭でも優れているのが明白でした。彼が六歳の時、妹が彼の地位を奪い、現在彼女をとても愛しているのに、妹は彼よりもレオンの方を好いています。マイケルの学業が彼の勇気をくじくもう一つの原因になっています。非行少年団に加わるチャンスがあったとき、仲間達は大歓迎で彼を迎え入れてくれたので、彼は一員となりました。昨夏参加したキャンプに戻すのを彼に勧める、という処方が助言されています。これは、彼を二カ月間好ましい環境に置くことで、例えば水泳のように彼が優れていることをするチャンスを彼に与えることです。私達は、マイケルが自分自身の権利で強さと勇気を獲得できるようにするため、マイケルとレオンに違ったカウンセラーを付けるようアドバイスしてきました。家族に対しては、マイケルを家族の面汚しではなく財産と見るようにさせています」

スタートしてよい方法ですが、あくまでも始まりに過ぎません。マイケルに彼がどうして劣った役割ばかりを演じようとするのか理解させなければなりません。彼には、自分自身がリーダーとして有能になれるのだということを信じられるよう勇気づけなければなりません。マイケルと話をするときは、強奪のことは話題にしない方が望ましいでしょう。私達は、彼自身の自己評価が低いことだけに関心を払う必要があります。私達は、本当に彼が左利きの子なのかどうか、彼が読み書きの特別なトレーニングが必要かどうか調べてみなければなりません。

面接

父親が部屋に入って来ます。

アドラー先生：「あなたの息子さんのマイケルについてお話をしたのですが、私達の見立てでは、あの子は将来とても有望な少年だと思っています。ただ、彼の最大の誤りは、あまりにも他者のリーダーシップを好むあまり自分を失っていることです。彼の全人格は、この誤りの上に築かれており、このためとても勇気を失っていて、他の誰かに自分の行為の責任を引き受けて欲しいと思っているのです。彼が勇敢ではないこと、暗闇を恐れていること、一人ぼっちにさせられることを好まないことをご存知でしたか？」

父親：「はい、一人ぼっちにさせられることを好まないのは知っています」

アドラー先生：「あなたには彼に援助できることがたくさんあります。彼を罰してはいけません。本当はあの子に罪はないのです。彼を勇気づけなければなりませんし、お兄さんや非行少年仲間の手を借りなくとも自分自身で何でもできるくらい強いのだ、ということを彼に確信させてあげなければなりません。私は、彼がよい子だし、どこで誤りを犯してきたかを教えてあげる必要があるだけだ、と信じています。彼に説教したり、彼を罰したりなさらないで下さい。代わりに、彼がより強くなれるよう勇気づけて下さい。そうすれば、彼はより責任感を持てるようになれるでしょう」

少年が部屋に入って来ます。

アドラー先生：「おや、大きくて強い子なんだなあ！　君が小さくて弱い子だとばかり思っていたのだが、全く見当違いだ。君はどうして他の子が君以上に物事を知っていて、君以上に物事を理解すると信じているのか、それにどうして、彼らの言うことを聞かなくてはならない、そうするように言われたことをしなければならない、と思うのかな？　誰かが『この壁を登れ』と言ったら、君は登るかな？」

マイケル：「うん」

アドラー先生：「君は頭のいい子だから、リーダーなんて必要ないよ。君は人に頼らなくていいし、勇気もあるし、自分自身がリーダーになれるのだ。そのくらい大きくなっているんだ。他の人の方が君よりうまくできる、なんていう考えは、捨ててしまおう。いつも他の子の奴隷でいなければならない、彼らの命令に従わなければならない、と思っているのかな？　彼らが君に言うことにみんな従っているのをやめるのにどのくらいかかるかな？　四日間でできると思うかな？」
マイケル：「多分ね」
アドラー先生：「八日間では？」
マイケル：「うん、八日間でできるよ」

マイケルが退出します。

アドラー先生：「私達にルールがあるわけではありませんが、私達のこのケースの課題は、マイケルのパターンをより建設的なものに変えることによって彼を人生の建設的な側面に明らかに導くことです。あの子の野心は、彼が達成するのがとても困難なほどだったので、そのため彼は、自分で得られるもので自分を満足させていたのです」
受講生：「彼がいつも笑顔を絶やさないのは、自分の面倒を見るように他者を引き入れる兆候なのですか？」

アドラー先生：「そのとおりです。きっと一つの理由でしょう」

受講生：「勇気を持つ価値がある、と彼に感じさせるにはどんな手立てがあるでしょうか？」

アドラー先生：「勇気というものは、スプーン一杯の薬のように提供することはできません。私達が彼にしなければならないことは、次の二つのことを彼に示すことです。第一には、彼が自分自身を低く評価しなければ幸せになれるであろうこと、第二には、彼の非行少年団の命令に抵抗できるように私たちが働きかけることができるやいなや、彼が勇気を持つことはよいことだと発見できるであろうこと、の二点です。私は、彼にいつもリードされるのは誤りであることを教えようとしました。もし彼に自尊心を与えれば、勇気は自然に湧いて来ます。彼が劣等感を持っている限り責任を引き受けないでしょう。責任を引き受ける訓練と、勇気を持つ訓練は、完全に裏表一体なのです」

受講生：「先生は、他の子ども達に比べてあの子に少し甘いのではありませんか？」

アドラー先生：「もしそうだとしたら、意図的ではない、と申し上げなければなりません。ただ私の願いは、できるだけ賢明に彼に語りかけたかったのです。子どもに話し掛ける技法を学ばなければなりませんが、私にも他の方同様、過ちを犯す可能性が多分にあります。二人の人がいるとしたら、同じ方法で子どもに接することはないでしょう。私個人としたら、やや劇的なやり方が好みです。このやり方をすると、その子が会話の重要な主人公として自分自身を認識する助けになるからです。私は、あの子にとても友情溢れる態度で接しようとしましたし、もし彼が私を好きになってくれて、また喜んでここに来てくれたとしても、驚きはしません。おそらく先生は、彼のその後の進展について報告して下さることでしょう」

第九章　従順過ぎる子ども

ソールのケース

今夕私達は、八歳と一カ月半のソールのケースを扱います。彼の当面の問題は、学校でうまくやっていけない、その状況が長く続いている、ということです。

学校でうまくやっていくことができない八歳一カ月半の子どもというと、いつでも考慮すべき二つの可能性があります。一つは、この子が知恵遅れではないかということ、あるいはもう一つは、家庭でより快適な居心地のよさに慣れているため、学校の状態に自分自身を適応できないでいるのではないかということ、の二つです。

ケース・ノートによれば次のとおりです。

「この二、三週間、進展が見られるようです。それと言うのも、学校の担任が――個人心理学の講義に参加してらっしゃるのですが――この問題に関してより確かな洞察を得られたような事実があることによります」

私達は、ここで明らかに第二の可能性を手にしました。それにしても、この講義が実際に役に立っているのがわかりとても幸せです。

「ソールは、学校でうまくやっていけない状況が長く続いていることにきわめて無関心のようで、自分の勉強をどうやっていいのかわからない、と言っています。個別に面談をして、かなりプレッシャーを与えたところ、彼にはそこそこの知識があることが判明しました。ただ彼は、自分が覚えていることから何がしかの成果を発揮しようと全く努力しないので、理解の程度を判断するのは困難です」

もしある子どもが希望を諦め、進歩は不可能だと信じたとしたら、その子は、物覚えが悪く成果に関心を払わない態度を示すのが最もふさわしいのです。

「この子は、算数をどうしてもやろうとしませんでしたが、手順や組み合わせについては少しばかり知識を持っていました。この子は気まぐれが起きると、その時期には必ず答案用紙に落書きしたり、それを白紙で出したりするようなことをするのです。彼のすることはとてもお粗末で、そのことが著しく勉強の妨げになっていました。彼は席を離れ、あたりをうろつき回っては、実際にバカにされたとか、バカにされた気がするということで他の子ども達を攻撃し、大声をあげ、身振り手振りやおかしな歩き方や冗談を言って特別におどけようとしたり、他の子ども達を笑わせたりするようなところがありました。この子には劇的な力がそこそこあるようで、タイミングよく同じことをしでかすと、ずっと楽しそうでした。しかし、学校ではそんな行為をする場所がなく、彼は長い間てこずっている教師が『どうしようもない子』と呼んでいる――それはとりもなおさずクラスとの彼の関係をとてもうまく表しているのですが――そんな子だったのです」

ソールは、注目の中心であろうとして道化師の役割を演じているのです。彼は、建設的な方法ではクラスの中で脚光を浴びられないと信じているので、安っぽい手段を自分の思いどおりに駆使しているのです。

「この子はすぐに泣き……」

このことから次のことが思いつきました。彼は、ずっと甘やかされてきて、その挙句、自分が苦しむならば他の人も苦しまなくてはならない、というような価値のある人間だと信じるようになったのです。

「叱られると、かなり赤ん坊のように見えます。この行為は、おどけようとする試みと交互に繰り返されます」

甘やかされた子どもは、赤ん坊の役割をしばしば演じるのをとても好みます。この子は、注目を集める手段を二つ—道化師になるか赤ん坊になるか—使っています。

「彼は、学校で自分よりも年上の子ども達と口論したり喧嘩したりします。彼は、登校時と下校時には決まってトラブルを起こしました」

この種の行動は、この子が社会的に適応していないことを示します。

「時々この子は、空想的な話をします。彼は、以前のクラスから進級をし、その機会は、彼が進歩を示したようだったからなのですが、彼が現在の教師に語るのには、自分の父親と以前の教師が友達だったから進級したとのことです（二人は友達でしたが、以前の教師が進級を決めた張本人ではありませんでした）」

この子が以前の教師をペテン師として告発する事実は、この子に協力する意思が全く欠けていることを示すものです。

「ある日、この子は、宿題をしない言い訳として、教師に自分の家が焼失してしまったからだ、と言いました（彼のおばの家が焼けたことはありました）」

この子は、困難な状況から自分自身を救い出そうとして嘘をつき始めています。

「彼が作り話をするのは、自分自身の生活に意図的に取り込んだいろいろな事実から連想したのが明らかですが、彼がそんな話をするときは、本当に起きたことから引き出しているとは、誰も知る由もありませんでした。ソールは、本当のことを話していないことは承知していましたが、プレッシャーを感じると、ついそうしてしまうのでした。この子の過去の問題も同様でした。彼は、学業成績をつける必要がない幼稚園では何のトラブルも起こしませんでした。しかし、六歳になって学校に入るとすぐ、トラブルが始まり、進級するにつれてエスカレートしてきています」

このような子どもに対して要求が少なければ少ないほど、トラブルに遭うのも少ないでしょう。

彼は、幼稚園という比較的楽な状況では問題を起こしませんでしたが、より高度のタスク（訳注1）に直面すると、この子は抗議し始めたのです。彼は、自立して活動することを学んできていなかったのです。このケースについて今まで学んできたことをもとにおさらいしてみると、次のように結論せざるを得ません。彼は甘やかされた子で、成長することに伴う問題に対して抵抗の度合いをより強めてきている、ということです。彼がこれらの問題に近づけば近づくほど、問題を避けよう、人生の非建設的な側面に逃れようとして、より激しく抗議しているのです。

以前は彼の生活はとても平穏で、学校に入学するまではまったくトラブルを起こしませんでした。もし私達が必要な事実をすべて手に入れ、ケース記録を漏れなく検討すれば、私達は、彼の母親が彼を甘やかしたし、今でも甘やかしていることを当然確信できることでしょう。

「両親は健在です。子どもは二人、八歳一カ月半のソールと、五歳のサラです」

ここで再び私達は、兄と妹の問題を扱うことになります。二人の子どもの間には、かなりの競合があるに違いありません。そこで私が想像するには、徹底的に調べてみたら、この子が三歳か四歳で、妹との競争に直面するのを余儀なくされたとき、トラブルが始まったことがわかるでしょう。その時に彼が勇気と自信を失い始め、母親に対して過度に甘やかしを求める行為をすることで自己主張を開始した可能性があります。おそらく妹は、強くて健康な子で、彼女が成長するに及んで彼の領域まで侵略しているのでしょう。

「両親間の関係は、きわめて良好です。母親は物静かな態度の人ですが、家をしっかり守っています。父親は貨物輸送関係の会社で働いていますが、薄給で、週給には変動があります。母親は倹約家で、家事の切り盛りにかけては優れています。洗濯物すべてを自分で行っていますが、近所の人には、洗濯物はクリーニング店に出している、と言っています。近所の人が洗濯物をクリーニング店に出しているため、体面を保ちたいと思っているからです。父親は毎週、給料を家に持ち帰り、妻が家事をしっかりこなしていることと、家をきれいにしていることを誇りに思っています」

これらの事実は、母親がプライドが強く野心家であること、さらには、夫も彼女にもたれかかっていることを示しています。

「母親は、身じまい、従順さ、よい健康を心がける習慣からその他諸々に至るまで、二人の子どもを申し分がないほどまでにさせています。彼女は、子ども達がどこで、誰と遊ぶかにまで口出ししています。彼女は、優れた妻であり母親です。父親の方がむしろ直情的で、妻を大いに信頼し、子ども達に親切です。彼は、母親ほどには上手にソールをコントロールできません。母親は、その点ではソールが自分よりも父親を好いている、と思っています。ソールはよくお手伝いをする子で、家事を助けるのが好きですし、母親のためにお遣いに行くのも、小さな妹と共有している部屋の管理も好んでしています」

私達の患者は、妹といる時間があまりにも多いので、彼女には何ら抵抗しません。私は、もし彼が父親と過ごす時間が多ければ、妹にもっと批判的だろうと思います。

「子ども達は、それぞれ別のベッドに寝ています。母親が病気になったとき、ソールは助けを求めようと自発的に薬局に駆け込んだりして、彼女にとても大きな気遣いを示しました」

これらは再びこの子が母親に依存している兆候で、彼は、母親の目には英雄に見られたいと願っているかもしれません。

「母親がこの子を罰すると、彼は少しばかり泣いて、すぐ立ち直ります。彼は恨みを示さないで、『大丈夫。あんたがボス。お母さんなんだから大丈夫』と言います。彼の母親は、彼のことをあまり誉めませんが、ここ二、三週間では、学校の成績が上がったことで彼を誉めています」

この少年の罰に対する態度は、弱い人間の卑屈な批判ですが、彼の学校の成績が上がるにつれてもっと勇気を持てるようになるでしょう。

「小さな妹はとても魅力的で、甘やかされていませんが、家族のみんなが可愛がっています。ソールは彼女のことをとても気に入っています」

これは、自分は敵に打ち負かされてきて、戦いに勝つ望みがないので自分の制圧者と仲良くしよう、とソールが多分認識しているだろう、という事実があるからこそ、私達の解釈の妥当性がありそうに思われます。王位を奪われた子どもが自分の代わりに王位に就いた他の子どもに好意を示すことは、よくあることです。

「彼は、ジプシーが妹を路上で誘拐するのではないかと心配しています」

この子は、心配する態度をとることで優位を奪われた感覚を利用しています。

「母親がこの子に六セント与えると、五セントをミルクに使い、一セントをしばしば妹にあげています。母親は、ソールを父親に似て寛大だと言っています。妹は、このことを当然のことと受け止めています。街中の子ども達がこの子をいじめようとすると、妹は彼らに『お兄ちゃんをいじめないで』と言います。この子は、路上でかなりいじめに遭います」

ソールは、保護者の役割を演じていて、そのことは兄が妹と良い関係を築くには好ましい方法です。彼にしてみれば、自分の成長を感じられる機会になるからです。その一方で、妹もまた、兄を守りたいと思っています。

「この子は、馬が合う子ども達と主に遊びます。彼らは、この子が太っているので、『デブ』と呼んでいます。学校で問題を起こすので、『マヌケ』とも呼びます。彼のおじさん達も『バカ』と呼んだら、母親は、そう呼ばないように頼みました」

過剰に太る主な理由は、過食にありますが、他にも肥満の原因となる生まれつきの病気があるのかもしれません。母親がこの子を馬鹿にしないようおじ達に警告するのは、適切です。

「この子は喧嘩をし、自分が負けていようが、たいてい喧嘩をやめようとしません」

希望を失っている子どもが、負けるだろうという信念を持ちながらも戦うのを目にするのは、珍しいことではありません。

「この子は、動物に対して極めて優しく、また、花が好きです」

このタイプの少年は、通常穏やかな生活を好むものですが、もしソールがいじめられること、攻撃されることがなかったとしたら、おそらく彼は、動物や植物の世話をすることに関心を持っていたでしょう。

「この子は、映画に行っては想像力をたくさん養っています」

私はここで、映画について一言申し上げなければなりません。私は、映画が子どもの不健全な発達に丸ごと責任があるかどうか、大いに疑問を持っていますが、もしも家庭で過ちが起きるとしたら、映画はその過ちの度合いを強め、子どもが誤ったパターンをするような情報を映画から得るかもしれない、そんな確信を持っています。映画を禁止することでこの子のパターンを変えるのは期待薄です。なぜかと言うと、そんなことをしても彼は、自分を訓練する他の方法を見つけるからです。ヨーロッパでは、子どもが映画を観ることができるかどうかを決める厳格な検閲制度がありますが、十分とは言えません。大人、時には子どもの親達が間違ったパターンを身につけてしまうのを予防できないからです。映画は、人々をずるさ、陰険さに馴らしてしまいます。たいていの映画は、アピールを狙ってトリックに頼ります。それこそ子どもも大人も学びたがっている、手早く力を手に入れる方法そのものなのです。多くの人々は、ずる賢さとかごまかしが有利だと信じていますが、私達は、心理学的な見地からこのことにどうしても同意できません。私達にとっては、そんな方法を使うのは、その個人の勇気に欠けている兆候に過ぎません。私達は、人々がその事実に気づくよう教育しなければなりません。トリック、陰険、ずるさは、臆病者の使う道具だと認識させなければなりません。私達はそれらを一笑に付すこともできれば、それらの効力にビックリさせられることもあるかもしれませんが、私達が深い良心を持つならば、トリック、陰険、ずるさという道具は、正常な目標に向かうのに自分自身の力を信頼できない人達だけが使うのだ、と知っていなければなりません。

「この子は、誕生時健康でしたが、分娩は、器具を使って行わなければなりませんでした。九カ月間は母乳で育てられましたが、それ以降はミルクで育てられました。一年で口を聞き、十五カ月で歩きました。十八カ月から二年の間に、時期は様々ですが、四回ひきつけを起こしました。歯が生えてから後は、ひきつけが起きていません」

この子が副甲状腺に少し困難を抱えているのがかなり確かです。ひきつけと歯が生えることとの間には、全く何の関係もありません。

「この子は、二歳ではしかに、四歳で水疱瘡に罹りました。現在は、よく食べ健康ですが、がつがつ食べるほどではありません」

もしこの子が、がつがつ食べるようだと、ある程度の強情さを示すことになるでしょう。この子は、明らかに反抗するタイプでなく、むしろずっと服従する傾向があります。

「この子はとても身ぎれいな習慣を持っているし、寝小便をしたことがありません」

私達は、この子に寝小便や摂食障害があってもおかしくないと期待しても不思議はありませんでしたが、母親が相当配慮して彼をコントロールしてきたのが明らかです。私達が彼女と話をしてみると、彼女が知的な女性であるという印象をきっと持つでしょう。

「この子は、身ぎれいに見られるのが好きで、学校へは毎日清潔な上着を着ていくのを要求します。彼は、母親に体を洗ってもらったり、洋服を着せてもらったりするのが好きですが、寝るときは独りで寝ます。赤ん坊の頃は、寝つきが悪く、ずいぶん長い間揺らして寝せなければならなかったのですが、今はよく眠ります」

この子が身ぎれいにする点で母親を真似るのは、彼女の注目が得られるからです。彼がなかなか寝つけないことに対処する母親のテクニックは、時を重ねるに従って改善されたようです。

「この子は、小さな絵や郵便葉書を収集しています」

言い換えると、この子は、モノを集めることで失った威信を取り戻さねばならない、と感じているのです。この子は、状況が改善されなければ、盗みを働きそうに思われます。

「この子は、眼鏡をかけなければならない可能性があり、視力に欠陥があるかどうか今週検査します」

眼鏡をかけるようソールを説得するときには、面倒なことが起きるかもしれません。

「彼の最も古い早期回想は、次のようです。彼が三歳で祖母を訪ねたときのことです。寝小便をしたことで母親から罰せられました。母親の話では、このことはめったにない習慣だとのことです」

これは、彼の重要さが脅かされたと感じた、最初の時期の一つであったに違いありません。そこで彼は、ベッドをぬらすことで母親の注目をひきつけようとしたのですが、注目される代わりに罰せられるのを知ったのでした。

「もう一つの回想は、四歳の時のものです。彼は、父親と一緒に貨物自動車に乗っていました。そして、父親が見ていないとき、この自動車から小さな荷物をたくさん下ろすのを手伝いました。明らかに大満足でした」

これは、役に立とうとする態度を示しており、彼がこのエピソードを覚えているのは、おそらく父親の賞賛を得たいと思っていたことを意味しているのでしょう。

「この子は、三歳一カ月半の時妹が生まれたのを覚えています。彼は、その時母親がキャンディーをくれた、と言っています」

妹の誕生は、現実の問題を取り上げているのですが、私は、妹が生まれたことに対してキャンディーでその状況をしのげるかどうか疑問です。

「彼が記憶している夢は、沢山あります。〈夢その一〉『カウボーイと一緒にいる夢を見たよ。僕は馬に乗っている。馬が雌山羊に変わった。僕はカウボーイの拳銃を持っていた。一度撃ったら、銃から発射した。だけど、二度目には拳銃がトリックの銃に変わってしまい、発射しなかった』」

この夢の中でトリックが誇張されているのが分かります。馬が雌山羊に変わっているし、トリックの銃は発射しませんでした。この子は、自分自身を変えるためにトリックを捜し求めています。

「〈夢その二〉『馬に乗っていて、僕がルドルフ・ヴァレンチーノ（訳注2）になっている夢を見た。あの人が死んだとき、彼の夢を見たんだ』」

自分自身を映画のヒーローに重ね合わせているのが明らかです。

「『ウィリアム・S・ハート（訳注3）のことを夢に見た。彼が僕を誘拐して、僕を連れて逃走する夢を見た』」

ここに映画が与える数々の危険性の一例があります。誘拐は、彼の生活の中であまりにも重要な役割を演じています。死の夢について述べてみましょう。彼がその人達の死んだ後に、当人の夢を見るとしたら、この子は、死を避けようとしています。けれども、実際にその人が死ぬ前に当人の夢を見る、と彼が言うとしたら、それは、彼が預言者（訳注4）になりたいと努力している表れと言えるでしょう。

「この子の将来の夢は、映画俳優になることです。彼は映画俳優みんなに深い興味を持っていて、彼のヒーローは、トム・ミックス（訳注5）です」

学校生活の間中ずっと、この子がある役割を演じている事実からすれば、彼の野望は、別に驚くことでもありません。その役割とは、道化師、コメディアン、トリックに興味を持つ俳優です。この子は、危険を克服したい、力を持ちたいと思っていて、映画俳優になることは自分の目的を達成する道である、とおそらく信じているのでしょう。

「次の会話は、この子の恐れを示しています。
ソール：『僕はルドルフ・ヴァレンチーノのことが心配なんだ。寝ているとき、彼に会うんだ』
質問：『彼が死んだって知っているの？』
ソール：『そうだよ。知ってるんだ。なぜ彼が死んだか知っているよ。彼は素敵過ぎたんだ。女の人はみんな、彼のことが好きだったんだ』」

これが八歳と一カ月半の子どもだということを肝に銘じて下さい。愛情や女性に対する恐れが、こんなに早くからこの子のパターンの一部にはっきりと根づきかねないとなると驚きです。ソールがどうしてこのような態度になっているかを理解するのは困難です。彼にはとてつもなく強い母親がいます。また私は、力強い母親のいる少年達が、しばしば女性を恐れるという事実をすでにお話ししていますね。後年、女性を恐れたり避けたりすることが定着すると、その人は、同性愛者になるかもしれません。ここで私達は、その形成過程を目の当たりにしているのですから、その予防のためにも、母親に息子を支配し過ぎないように影響力を行使しなければなりません。

「ソール：『ある日、一人の女性が男の食事に毒を入れた。少量だけど毎日、男が死ぬまで入れた。お父さんがその写真を僕に見せてくれた。奥さんが目を覚ましたとき、男はもう見当たらなかった。

質問：『男の奥さんが毒を入れたの？』

ソール：『別の女』」

ここに再び、映画でトレーニングを受けた影響が表れています。

「このケースについて教師は次のとおり考察を加えています。『三週間ほど前のことですが、私は、クラスの娯楽俳優であろうとするソールの試みが、あらゆる点で行きづまってしまい、勇気をくじかれた子どもの表れに他ならない、と判断しました。そこで私は、彼の学業相当以上に賞賛を与え、たっぷり勇気づけしました。彼は、反応を示し始めています。彼の目が輝き、望みがいくつか見えています。よくなった成績表を家に持ち帰り、母親にはもっと成績を上げるのだ、と約束していいます。彼は、勇気のある子のように思われます。というのは、彼は、ある日母親が洗濯ばさみを暗い庭に落としてしまったので、それを取りに下の階に降りて行ったけど、恐くなかった、と私に説明してくれたからです」

この子は、母親が見ているときは英雄でありたいのです。

「彼は、戦うことで勇気を示したいのです。彼は、臆病ではありませんし、わざとそう見せかけているわけではありません。彼が臆病そうに見えるのは、彼が自分のすべきことを知らないからです。視力から来るある程度の障害があるかもしれませんが、それが存在するとしても、今週矯正されるでしょう。この子は、他の子ども達が呼んでいるいくつかのあだ名に反感を持っているようですが、それもこの子があだ名を呼ばれても悪気を持たずに接するようになると、反感をなくすことができます。彼は、少年達がしばしばお互いにあだ名を呼び合っていること、例えば、黒人の少年がクラスにいて、その子が『粉』と呼ばれていても、それが気に入っていることを聞かされています」

あだ名についてですが、もしこの子が他に取り柄があるなら、あだ名はさほど彼の悩みの種にはなりません。

ソールの先生が彼に影響を与える最善の方法を発見されたようですし、私は、きっと成功するだろうと信じています。もしこの子の母親が彼を支配することをやめるなら、さらには、この子が進歩するあらゆるチャンスを確かに捕らえ、妹が彼の地位を奪う恐れには根拠がないことを確信するなら、先生の成功は、より揺るぎないものとなるでしょう。この子には、女の子の方が男の子よりも発達が早いこと、彼の場合は、妹に比べて遅くなってから急速に発達することを気づかさなくてはなりません。彼の母親には、彼にもっと本気になって接するよう説得したほうがいいです。この子をあまりに従順にさせるのは賢明ではありません。母親には自分の計画を彼と話し合うように、ただ自分が求めているからといって、彼に決して何かを要求しないようにさせましょう。母親は、彼に秘密を打ち明け、物事を詳細に説明し、彼の助言を求めることすらすべきです。「一人で体を洗ったり、着替えをしたりするなら、その方がいいのではありませんか？」「この方が妹にとっていいと考えませんか？」とか言ってみるように。

面接

母親がケース提供者の教師に付き添われて入室し、アドラー先生に紹介されます。

アドラー先生：「あなたは、息子さんに接するのに多くの点でとても気を配ってきておられますね。あなたは、子どもさん達がしばしば克服できないある種の危険からあの子を守ってあげていましたね」

母親：「私は、あの子を良い子にしようとしてきました」

アドラー先生：「あの子は、良い子ですよ。ただ、学校ではとても面倒なことが起きているようです。恐らくその面倒は、あの子が三歳一ヵ月半まで一人っ子で、その当時は現在に比べればずっと楽だったと思えた、という事実から始まっているのではないでしょうか。彼は、臆病ではありませんし、同じ状況で他の子ども達ならしそうな過ちを、あの子はしていません。それにもかかわらず、彼は、心密かに妹さんが自分と競合するのに成功していると感じ、多分お母さんが、自分よりも彼女を好いている、と思っているかもしれません。あの子がそのことについて何か口にしたことはありませんか？」

母親：「いいえ、あの子は、今まで一度も嫉妬したことはありません」

アドラー先生：「あの子は、妹さんの保護者でありたいと思っていた事実はあるにせよ、私は、妹さんが彼よりも発達がずっと著しいのを彼が恐れていた、と思えてなりません。ご承知のように、妹さんも彼を守ろうとしています。これは私の意見に過ぎませんが、ソール君は過剰に支配されると、発達が順調に行かないのではないでしょうか。あなたには、彼が家族の重要なメンバーであることを信じられるよう、勇気づけていただきたいのです。彼が家を離れて独自の体験を積み重ねられるような機会を広く与えてあげて下さい。さらには、あの子の物事を見極める目を養えるように折に触れ彼に相談してみて下さい」

母親：「そうしてみたいと思います」

アドラー先生：「彼にとってとても苦痛なもう一つのことは、太り過ぎです。恐らく彼には、他のダイエット法が必要なのではないでしょうか。彼は甘いものが特に好きでしょうか？」

母親：「いいえ、あの子は甘いものが特に好きだということはありません。あの子は、朝学校でミルクを飲み、それから午後昼食、晩には夕食を食べます」

アドラー先生：「パンやバター、お菓子類を食べ過ぎるということはないのですか？」

母親は、彼が甘いものを食べ過ぎるということを強く否定します。

アドラー先生：「もしあの子が実際に太っているとしたら、消化吸収力が特にいいのです。私は、あの子が食べるものをもう少し減らしていただきたいと思います。あの子の先生は、彼をとてもよく理解しておられますから、きっと彼の助けになるでしょう。もしあなたがあの子にどう対処していいかお困りになったら、彼女は喜んであなたの相談に乗ることでしょう」

ソールが笑顔を浮かべて、自信に溢れた様子で部屋に入ってきますが、大勢の受講生がいるので戸惑っています。彼は若者に人気がある長ズボンを履いているため、実際の年齢よりも年上に見えます。

アドラー先生：「(少年と握手しながら）やぁ、坊や、元気？　ここに座って私と話をしないかい？　面白いことをいつくか話したいのだが」

ソール：「いいよ」

アドラー先生：「そりゃいいや。私は、これから君が学校で成績がグーンとよくなると信じているよ。君は今までは、あんまりいい生徒ではないと、自分で思い込んでいたようだけど」

ソール：「そうなんだろうね」

アドラー先生：「だけど私は、君が本当に良い子になれ、これまでのトラブルはみんななくなってしまうと知っているよ。君はもっと集中するようになるし、先生のことをさらに理解するようになる。それから、ずっと先に進めるし、学校でもっと好かれるようになる」

ソール：「(感銘して）はい」

アドラー先生：「体育は好きかな？」

ソール：「うん、好きだよ」
アドラー先生：「君の妹はとても可愛い子なんだろうね？」

ソールは同意してうなずく。

アドラー先生：「女の子は、幼い時は男の子よりもたいてい早く発達するんだが、君は決して彼女が君より頭がいいなんて信じちゃいけないよ。もしかしたら君は、彼女が君より先に進んでいたと信じていたかもしれないが、しばらくすると、君が彼女より先に進めるよ。君はいつでも彼女より年上だし、いつも彼女を守ってやれる」
ソール：「はい、そのとおりです」
アドラー先生：「街中の子ども達が君のことを『デブ』と言うので、君は悩んでいたそうだね。私も君と同じ年齢の頃、子ども達から『デブ』と言われていたものだけど、悩んだりしなかったよ。だって、学校で一生懸命勉強していたし、彼らからあだ名を呼ばれていたときも、いい成績を取っていたからね。君は、大きくなったら何になりたいのかな？」
ソール：「俳優になりたいんだ」
アドラー先生：「だとしたら、読み書きを習ったり、注意深く話したりしなければならないね。映画俳優でも、今はどうしたらうまく話せるか知っていなくてはならないね。君は、道化師を演じてクラスの邪魔をするより、一生懸命勉強する方がいいと思うよ。大人になって映画俳優になるまで他の人を笑わせるのは待っていたほうがいい。君が今しなければならないことは、先生に注意を向けること、自分自身のために友達を作ることだね。お母さんは、君に対してとても厳しいかね？」

ソール：「そうなんだ」

アドラー先生：「以前ほどは厳しくなくなるのがそのうちわかるだろう。特に君の学校の成績が上がるとね。そうなりたい？」

ソール：「うん」

アドラー先生：「（少年が立ち去り際）君はとてもいい子だ」

ソール：「（先生の方を振り返り、何度もお辞儀しながら）ありがとう」

クラスでの討議

受講生：「あの子の最も古い思い出がお祖母さんの家でベッドを濡らして罰せられたことであるのに、母親は、あの子が一度も寝小便をしたことがないなんてどうして言ったのでしょう？」

アドラー先生：「母親は、これが起きたのは異例のことだ、と説明しています。彼女は、寝小便が終わっていたと信じていました」

受講生：「この子が自分のヒーローとして、背が高くほっそりした映画俳優を取り上げた意味は、一体何でしょうか？」

アドラー先生：「私は、これらの俳優のことはいちいち知りませんが、彼らが背が高く痩せているのを知るととても面白いですね。子ども達がいかに早く彼らの目標を見つけるかは、皆さんご存知のとおりです。この子は、太っているのが嫌いなため、背が高くほっそりしているのが好きなのです。もしある子が弱いならば、その子は強くなりたいし、もしその子が病気ならば、医者になりたいと思います。医者は、いつも健康だと信じているからです」

第十章　神経症の素地

レイチェルのケース

今夜の症例を提供される方は、その患者の行為が不可解だとおっしゃっていますが、私達は、できるだけシンプルな方法でその謎が解けるようにしようではありませんか。

「レイチェルは十二歳の少女で、現在の問題は不登校です。彼女は、学校では勉強ができない、という口実で学校に行くのを拒否しています」

このケース記録の出だしの言葉は、かなり正確に劣等コンプレックスを持つこの子について述べています。しかし、私達は、劣等コンプレックスがあるということを推測するだけでは十分ではありません。細部を洗いざらい見つけ出さなければなりませんし、この子が自分の不適応を補償できるようになる方法を開発しなければなりません。もしレイチェルが不登校をするならば、彼女を登校させようとしている大人が彼女の周囲にいる、というのがありそうな話です。この子は、そんな大人達に「ノー」と言っているのであり、そのようにして家庭の中で主観的な劣等感を満たしているのです。

「レイチェルは、これまでいつも問題児でした。彼女は現在、クラスの中で問題視される態度がますますエスカレートしています」

「いつも」というのは、使うにはとても強い言葉で、彼女の人生最初の日から問題児だったとは信じ難いです。彼女が反抗するような何かが偶然起こった、というほうがよりありそうなことです。おそらくこの不幸な出来事は、弟か妹の誕生なのではないでしょうか。

「レイチェルは二月に、彼女の都合に合わせて自分で学べ、そんな彼女を処遇してくれていた小学校から単位制の中学校に進級しました。レイチェルは、クラスで泣き、自分にはハード過ぎるから勉強できない、と言いました。彼女のクラス担任の教師はもとより他の教師数人も、彼女のために物事を円滑に進めようとしましたが、レイチェルは、自分が上がってきた小学校に戻るのだ、と言い張りました。このことは、彼女は新しい環境下で問題に取り組むことを期待されている、という理由で結局受け入れられませんでした」

彼女は勉強ができないならば、それだけで全く十分なのですから、何も泣く必要はないと思われます。むしろクラスの妨害をし、自分の無能力に対して注目を引くために彼女は泣くのだと思われます。この子の反応は、ある程度彼女独特のものです。十二歳の、中学校に入れるくらいの知的水準を満たす子が、成績は競争によって付けられものだと初めて気づくのだ、とつい私達に思わせてしまうほど独特なのです。私は、誰かが彼女の信頼を得ることで、彼女の所属するクラスの中の問題に直面するよう彼女を勇気づけできるだろう、と確信しております。この子のクラスの要求に対処できないという恐れが彼女の抵抗の本当の理由だ、とはどうも思えません。この子は、いつもずっといい子でしたし、先生達も親切のようです。

「するとレイチェルは、もし中学校のもっと下のクラスに入ることが許されるなら学校に行く、と言いました」

私達がこの「もし」という言葉を聞くときは必ず、不可能な状態が次に控えていると思って差し支えありません。レイチェルがクラスから出たがり、自分の周囲を悩ましたがる本当の理由は、新しい状況に直面する勇気に欠けているからです。この子は、自分の無能力をひけらかしていて、彼女が勉強をする能力がないと言い張れば言い張るほど、教師や親は、反対のことをますます主張しています。これは、劣等コンプレックスを優越コンプレックスに替える一つの方法です。

「この子は、以前に通っていた小学校と同じような小学校のクラスに編入させられましたが、約束を守りませんでいた。母親は、小学校に行って、中学校に戻すよう依頼しましたが、きっぱりその復帰を拒否されました。それから父親は、レイチェルを叩きましたが、彼女は登校を拒否しました。とうとう就学局で聴聞会が開かれ、いくつかの病院に一つあった小児クリニックに連れて行かれました。このクリニックで彼女にはしばらく家にいるように、という許可が出されました」

レイチェルが問題を起こす範囲は、だんだん広がり、彼女のケースでは、ついには新聞に載るケースも驚くには及ばないでしょう。この子にしてみれば、クリニックを罠にかけるなどイチコロだったのです。レイチェルを家庭にいさせるだけでは十分ではありません。なぜなら彼女は、依然として同じライフ・パターンを持つ同じ子だからです。

「レイチェルは、このケース記録に必要な質問に答えるため小学校にやって来て、その時彼女が友達として選んだと思われる女の子を一人連れてきました。この女の子の影響があって、レイチェルは登校する方向に気が向いてきています。レイチェルは、この秋から学校に復帰することに決めています。レイチェルは、もしこの友達と同じクラスに入ることが許されるならば学校に戻ってもいい、とも言っているのですが、この要求は受け入れられませんでした。彼女は、友達が六月には進級してしまい、この子と同じクラスに入ることができないので、現在強く心を痛めています」

友達に付き添ってもらいたいこと、学校に復帰する決断を引き伸ばしたがること、これらは皆、劣等感の症状です。これは、広場恐怖症（訳注1）と呼ばれる神経症を発達させる個人のタイプです。ちなみにこの神経症は、付き添って欲しい、サポートして欲しいと絶えず求めるのが特徴です。この子は、自分の周囲の状態を賢明に整えておくことで、自分の目標を維持してきていますし、教師や医師や親が彼女に手をつけられない状況に置いています。レイチェルは、征服者です。

「レイチェルは、時々臆病な態度を取ることもあるのですが、こと登校を拒否するという点では、おとなしい性質とはまるでかけ離れたものでした。彼女は、様々な場面で非常に無作法で無礼な態度を取っています」

こんなに興味深い証拠が上がると、この子が支配者タイプに属し、他者と戦うことをまったくいとわない、という私の感じが裏付けられます。この子の恐れは唯一、新しい状況に出合うことだけです。

「この子が小さかった頃、彼女の行為には何も欠点を見出せませんでしたが、一年半前、教師は、彼女の学校の成績のことを批判したことがありました」

どうやら私達は、この子がいつも問題児だったと言っていたことを修正しなければならないようですね。明らかにレイチェルは、理想―優越性という虚構の目標―を追い求めています。この子は、神の役割（訳注2）を演じたいのでしょう。この役割を満たすためには、彼女は欠点がない者や支配者にならなければならず、彼女がもはやその役割を演じられないと、役割を演じることを全面的に拒否します。

「この時期になって初めて、彼女は症状を出しました。彼女は、家族が同意しないにもかかわらず、勉強ができないと言い出して、時折学校を休むようになりました。彼女の言うことによれば、学校が恐いし準備できていないからだ、とのことでした。彼女は、健康面全般を理由にして学校に行かず家にいるのを許されました。この子は最近、言葉に表すまで六カ月間彼女を批判した教師に恨みを抱いていたことを明らかにしました」

この六カ月間というのは、とても重要な意味があります。この子の神経症的な行動の熟成期間だったからです。神経症は一晩にして現れるものではありません。芽が出る前にじっくり育てなければばならないのです。

「この子が進級した一九二七年二月、彼女は学級委員になれませんでした。前のクラスで学級委員をやっていたからで、その頃は、違った教師が担任でした。しかし、その時になると彼女は、自分の感情を押し殺していたので、教師は彼女の恨みを疑うことは一切なく、彼女の心の傷に何も気づきませんでした。厄介なことは、六カ月後に始まりました。この当時彼女は、学校を数度休んでいました。一九二八年二月、この子は復学し、遅滞クラスに入り、担任になったのは、彼女のような子ども達に対処するのに同情的で体験のある教師でした。レイチェルは、学業に興味を持ち始めたことと、明らかに臆病を克服したことで、一年間その教師とずっと一緒にいました。彼女は、クラブ活動の演習で役割を担うよう勇気づけられ、独唱をするほどになり、実際それを楽しんでいるように見えました。レイチェルがクラスで安堵感を持てるようになってから、以前の臆病さから打って変わった態度を示すようになりました。ある場面では、レイチェルが教師のために縫い物をしているのを教師が気づかなかったとき、この子は、全く生意気な態度になりました」

お聞きのとおりこの子は、好ましい状況になると自分の行動パターンをすっかり変えることができます。

「両親は健在です。家族構成は、十九歳の姉、十七歳の兄、十二歳のレイチェル、七歳の妹、五歳の弟です」

彼女は、すぐ上の兄より五歳年下であることが分かります。また、かなりの年齢差のために、彼女の境遇は第一子に似たものとなっています。彼女の妹とは五歳、弟とは七歳の年齢差があります。レイチェルは、家族の中心的な位置にいるのに慣れていたのに、妹が生まれたことで王座を奪われた典型的な出来事で苦しんだのです。

「父親が家族を仕切っています。ある時期は、長男が父親のお気に入りでした。母親は、誰がお気に入りということはないのですが、子どもが大きくなるに従って、子ども達みんなと衝突しています」

母親はおそらく、子ども達が小さいときは彼らとうまくやっていて、彼らが望むものを与えることができていたのでしょうが、彼らが大きくなり、望むものをもはや与えられなくなったとき、子ども達が手に負えなくなったのです。レイチェルも病気がちだったので、多分彼女を放任し放題だったのでしょう。

「子ども達は、お互いにいじめ合ったわけではありませんが、レイチェルは、醜いアヒルの子のようです」

「醜いアヒルの子」というのは、おそらくこの子がすぐイライラし、支配的なところから来ているのでしょう。この子が他の子ども達の中で紛争の種になるのは、確かにありがちです。

「兄には爪を噛む癖があって、レイチェルは、兄のそうしている場面を見ると、とても気が動転し、叫び声をあげます。兄は、レイチェルの神経過敏な状態に気づいていますが、爪を噛むのをやめません。母親は、状況いかんに関わらず頼りになりません。一番上の姉は、この子にとてもよくしてあげていて、母親のような態度を取っています。姉は、この子のためにドレスを作ったり、映画に連れて行ったりしています。レイチェルは、姉が自分によくしてくれていることに感謝の気持ちを抱いているようです。レイチェルは、妹とは仲良しで、彼女と遊びます。というのは、妹は、家族の他の人達同様にこの子に譲歩するからです」

レイチェルのパターンについて私達が抱いていた考えを確証する証拠がさらに出て来ましたね。この子は、家族全員を支配しているのです。支配がままならないと、この子は叫ぶのです。

「父親と一番上の姉は、働いています。家には五つの部屋があり、彼女は、一番上の姉と寝ています。この子の出生は正常で、三カ月間母乳を与えられ、離乳時に胃腸のトラブルが始まりました。この子は、くる病の疑いを持たれ、さらには三歳になるまでの数カ月、心臓に持病があったので、毎週大学院病院に連れて行かれていました。十歳の時は、心臓病を理由にしばらく寝たきりにされていました。この子は、いつも胃腸の疾患に苦しんでいましたが、現在は健康になっています。路面電車に乗るときを除いては、吐くことがありません」

彼女の気まぐれな思いは、おそらく病気を理由に満足させられ、彼女は、自分の幸福な状況を長続きさせるために不健康であることを利用することを学んだのでしょう。このことは、路面電車に乗っているときの反応で顕わになっています。路面電車に命令することができないので、彼女はイライラし、そのイライラを器官劣等性のシステム—つまり胃腸系なのですが—を使って表現しているのです。これが広場恐怖症の発症につながるのかもしれません。

「この子は、家で食事を摂りたがらず、近所の家で食べるのが好きです」

またもや不完全な胃腸が語っています。今度は、母親に対する告発として、です。

「家での食事は消化に悪いようで、この子を調査した人によれば、家の昼食は鮭の缶詰一皿で、敏感なこの子にはとても気に入らないだろう、とのことでした。妹もレイチェルを真似て、家で食事を摂るのを嫌がりつつあります」

食事の重要性が家庭で過度に強調されるあまり、子ども達が母親に対する攻撃材料としてこのポイントを選ぶというのも可能性としてはあります。

「レイチェルは十三カ月で歩き、一歳半でのどに腫瘍ができたため扁桃腺の除去手術を行いました。とても早い時期にはしかになりました。母親の主張では、赤ちゃんの頃のレイチェルは、人を恐がり、その恐れを叫ぶことで示していた、とのことです。母親の報告によれば、彼女は自分自身については清潔できちんとしているそうです。この子は、学校では身なりがきちんとしていて、登校時間を厳守し、とても注意深く書き留めることをします」

自分の気に入った状況を維持するためには、赤ちゃんの頃恐れを使うのを得意技としていたのですが、同じことが学校ではきちんとしていることを使うことに変わっています。

「この子は、家族の願いなどどうでもよくて、学校に行きたがりません。彼女は学校の子ども達とはとてもうまくやっていて、二学期などは他の子の問題に同情を寄せるほどだったのです」

この関心は、「私だけは問題ではない」という意味です。

「レイチェルは、二学期中他の生徒と遊んでいました。彼女の同じクラスのモーリーという子でした。モーリーは、十二歳くらいの子ですが、レイチェルほど頭がよい子ではなく、比較的おとなしい子です。ましてやリーダーではありません」

レイチェルは、明らかにクラスメートを支配するのに成功を収めています。そうでないと、この交友は続かないでしょう。

「レイチェルはゲームをしませんが、映画に行くことはします。彼女が関心を寄せることができたお気に入りの本や物語は、童話でした」

映画は、社会的な感情を必要としませんし、ヒロインと自分を同一視することで安易な重要感をこの子に与えます。ゲームで競争するには、自信と勤勉さが必要です。

「現時点でこの子は、学校に行こうともしませんし、食べることも薬を飲むことも拒否します。母親は、妹に靴下を一足買ってあげました。するとレイチェルは、その靴下が自分のサイズに合わないにもかかわらず、とても履いてみたい気持ちになり、わざわざ父親が家を出た後に履いたのです」

父親は、明らかにこの家の権力者ですが、彼が家を出るとすぐに、レイチェルが支配者になるのです。

「他の子ども達は、この子の状態に気づいていて、彼女のなすがままになっています。彼らは、この子に思いやりがあり、親切です。レイチェルは、彼女をある程度甘やかしてくれた以前のクラスや小学校では完全にうまくいっていました。教師は、彼女が宿題ができないとき恐れを顕わにする、と報告していました。ある時、この子が恐くなったとき、この子は泣いて、口に両手をあてがい、その時手がわなわなと震えていたのでした。教師は彼女を保護し、自分の机の側に座らせ、クラスの他の子ども達には、彼女の気に触るようなことをしてはいけない、と注意していました」

恐怖は、彼女の最強の武器です。彼女は、恐怖という手段を使って、周囲の人達をコントロールすることができます。

「この子は、一学期中問題を抱えていましたが、二学期になると他の子ども達と変わることがなく、とてもうまく適応できているようでした」

レイチェルは、欲しい物が手に入ると何の問題も起こさないのが極めて明白です。

「レイチェルの最も古い回想は、彼女が三歳の時、妹のメリーが友達からもらったローラースケートを手にしていたことです。レイチェルは、そのローラースケートを使いたかったのですが、許されませんでした」

靴下であろうがローラースケートであろうが、さして問題ではなく、レイチェルは、自分が持っていないものを他の子ども達が持っていることを恨んでいます。

「最近この子は夢を見ました。彼女は家にいて、自分には暗くて恐そうな地下貯蔵庫のドアを通らなければならないのです。彼女は、家から出るのが恐かったのです。なにしろ地下貯蔵庫を通らなければならないからです。彼女の母親は寝ていて、子ども達は母親を起こさないように注意されていました。友達が数人家にいて、彼らは静かにしていることができませんでした。そのことで母親は目を覚ましてしまい、ベッドから起き上がり、ハンマーを手に持って、彼らのところに近づいて来ました。レイチェルは、自分が守っている弟と妹を連れて、恐がっていたドアを通って外に出ようとしました。ドアのところから『戻ってらっしゃい。お母さんはお前達を傷つけたりしないから』という声が聞こえました。彼女は、その時点で安心して、目を覚ましました」

この夢は、レイチェルが家を離れることに対していかに情動的な備えをしているかを見事に示すものです。これは、広場恐怖症の始まりを表すもう一つの症状です。この夢の意味はこういうことです。この子は、ものすごく恐ろしいときだけドア—危険という意味なのですが—を通り抜けようとするのですが、声がドアそのものから聞こえてきて、母親の脅威をそんなに深刻に受け取らないように、と伝えています。次のような意味でもあります。「不快だとしても家にいなさい。家ではそんなに深刻なことは起きるはずがないのだから」

「この子が将来なりたいのはタイピストで、恐れているものは、黒人が怖いのです」

黒人を恐れるというのは、彼女がウィーンにいるとすれば、さほど価値のないものでしょう。ニグロの人は、まれにしかいないからです。しかし、ここアメリカでは、不安を作り出すには打ってつけの方法です。往来に出ないという点では、他の理由同様好都合なのです。

「この症例に関し事例提供者が討議した結果は、次のようです。レイチェルはずっと甘やかされてきた子どもで、病気を使って他者に自分の意思を押し付けて来ました。彼女は、自分の弱さを示すことで、力を得たいと思っています。彼女の夢は、両親ほどには自分をくじくことができない年少の子ども達に対して保護したい気持ちがあることを示しています。この子の願いは、自分がよくできると感じている路線（構成）に沿って自己表現したいということを示しています。彼女の学校のトラブルは、算数がよくできないことと大いに関係があります」

私の見ることができる限りでは、この報告書を提出された方は、レイチェルの状況を実に適確にまとめておられます。母親と話し合いをした結果、次の事実が出てきました。レイチェルが学校を変わった最初の日、教師は、彼女を黒板のところに来させ、彼女が書けない文章を書かせようとしました。この子は泣き始めましたが、教師は、「バカね。戻って座りなさい」と言ったのです。レイチェルは、家に帰って言いました。「先生がひどいから、もう学校に行きたくない」。この時以来、彼女は学校に行くのを拒否しているのです。

面接

子どもが母親と一緒に入ってきます。

アドラー先生：「入って、お座り。ご機嫌はいかが？　この場所は気に入りますか？　学校のようかな？」

レイチェル：「はい」

アドラー先生：「ここではみんなが君のことが好きで、みんなが君を見守っているんだ。嬉しいかな？」

レイチェル：「はい」

アドラー先生：「君は、どこにいても自分独自の方法で物事が進むのを好む度が過ぎることがややあるように思われる。誰もが注目してくれないとわかる場があると、君は、そこに行かない言い訳を作ろうとするようだ。往来に出ないようにするため黒人が怖いという口実を作っている。誰だっていつでも世の中すべての注目を引きつけておくことはできない。でも、君が仲良くし、役に立つならば、みんなは君を好いてくれるよ。私は、先生が君のことをバカと言ったのを知っているけど、そんなことない。私は、君がとても頭のいい子だと信じている。私の先生は、私のことをひどいバカだと言っていたけど、私は笑い飛ばしていた。誰だって学校の勉強をできるし、私達みんなは、君が君なりにできるのを知っている。でも、君が黒人が怖いからということで家にいるならば、君は結局そんなに頭がよくないな、と思い始めてしまう。もし私が君だったら、きっとお父さんと仲良くなるだろうな。お父さんは、君を気に入っているのが確かだ。お父さんとお母さんは、君が関心を持ってくれているのがわかると、君が家族の中で最も重要なメンバーだということをわからせるためにありとあらゆるトリックを使う場合よりも、君のことをもっともっと好きになってくれるだろう。君はいい生徒になりたいかな？」

レイチェル：「はい」

アドラー先生：「やってみれば一週間でなれると思うよ。どんな風にうまく行っているか、私に手紙を書いて知らせてくれないかな？」

レイチェルと母親は退出します。

アドラー先生：「あの母親と子どもがどのくらい私を理解したかわかりませんが、私がそうしようとしたことは皆さんにおわかりだと思います。私は、誰かがレイチェルの側にいて、あの子のトリックをもっと徹底的に説明してあげ、彼女がそんなことを断念するよう勇気づけていただきたいと、とても強く思っているのです。あの子が父親や教師から抑圧されていると感じれば感じるほど、彼女が家族や学校を制圧したいと思うのは明らかです。あの子が自分の目標が無意味であることを悟れば、たちまち彼女はよくなるでしょう。私は、教師の協力があれば、このケースの今後の経過は順調になると信じています」

（次の文章は、一週間後にこの子から受け取った手紙です）

アルフレッド・アドラー先生

拝啓

この一週間は、今までとはまるで違った週になりました。ずっと外に出ていました。先生のところをお訪ねしてよかったと思っています。X先生は、X先生の塾で私が小さな子ども達に何かを教えられるようアドラー先生が私に助言してくだされぱいいだろう、とおっしゃっています。私は塾に呼ばれました。この手紙を書くためです。これは私がタイプライターを使って書いた初めての手紙です。

敬具

一九二九年五月二十二日

レイチェル

第十一章　先天的な知恵遅れ

シドニーのケース

今夕、難しいケースをもう一例扱うことになります。ある子が本当に知恵遅れかどうか判定しなければなりません。皆様方は、いくらか似たケース（第二章「支配的な母親」）を扱ったことを覚えておられると思いますが、そのこともあって私は、本来ならば考慮しなくてはならない詳細にわたる診断とか、医学的な症状の記述に深入りしたくないのです。さて、この少年に関して私が聞き及んでいることは、この子は、学校にも行っていなくて、家でも教育を受けていないとのことです。この子には、学校に行っている姉が一人います。

この種の症例を持つのは、家族でこの子だけです。ここで発達レベルを判定するには、知能テストがいくらか価値を持つかもしれません。ただ、今夕提供できるものが知能テストだけ、あるいは知能テストがベスト、とその活用法を申し上げるわけではございません。知能テストは、この子が知恵遅れかどうかを判定するのには欠かせないだろう、と申し上げているだけです。テストの後、私は、個人心理学の方法を使ってこの子を調べます。それをすると、この子がライフ・スタイルをしっかり持っているかどうか、はっきりとした目標に運動、態度、感情、思考が向かっているかどうか、がわかります。この種の難しいケースからたくさんのことが学べるかもしれません。

「シドニーは十歳の子で、読み書きができず、自分に何か読んでもらっているときも我慢ができません。記憶力もきわめて弱く、そんなところから知恵遅れかどうかを疑われています」

読み書きができないということだけでは、知恵遅れの兆候になりません。この子は、学業に対してうまく準備ができていないのかもしれません。多くの知恵遅れの子ども達が読み書きできないのは事実ですが、もしシドニーが読むことを逃れたいと思うほどの耐え難い課題だとみなしているとしたら、この子は頭のいい子だ、と受け止めてもいいのかもしれません。知恵遅れの子どもは、学校にいることがもっと多く、困難から逃れる努力をしないものです。

「この子は、筋肉の発達が貧弱で、神経と筋肉の連携がうまくいきません。また、手伝ってもらわないと、衣服を脱いだり着たりできません」

私達は、またしてもこの子の知能が低いかどうか、彼がどんな時も支援を求めているのかどうか判定しなければなりません。もしこの子が甘やかされた子どもだとすると、非常に深刻なケースです。

「この子は、くる病と歯の未発達という疾患があります。医師は数年前、九本の歯を抜くよう助言しました。この子は、三歳半まで歩くことができず、五歳になるまで話すことができませんでした」

くる病は、骨に欠陥を持つ病気で、この子のくる病が続いていると、体質面で他に不完全なところに病気が併発するのが普通です。歯を抜いたのは、おそらく歯並びが悪かったからでしょう。五歳になるまで話すことができなかったこの子が知恵遅れか、ただ甘やかされたいたからかを判定するのは、難しいことです。

「この子は、夜になるといつも寝小便をしていて、現在も続いています。この子は頻尿気味で、特に神経が高ぶるとそうなります」

夜尿は、甘やかされて育てられた子どもに共通で、特に下に弟や妹がいると顕著です。この子が日中頻尿気味なのは、注目を引くためかもしれません。まるで「僕はまだ小さいんだ。僕を見守っていなくちゃならないよ」と言っているかのようです。

「両親間には血縁関係がありません。家庭の雰囲気は良好で、和気あいあいとしています。家の中では、喧嘩も叱責も小言もありません。この子は、父親のことを好いています。母親は商売をしていて、約二年前までメイドが子ども達の世話をしていました。家には四部屋あり、子ども達のためには二つの小さなベッドがあります。宗教は、ユダヤ教の改革派です」

この子が父親の方を向きやすくなったのは、多分母親が商売をしていてシドニーの世話をしなかったという事実があったからでしょう。メイドがこの子の信頼を得ることができていたかどうか、両親から聞いてみなければなりません。

「早期回想はありません。この子は、二年前に死んだ祖父の夢をよく見ます。祖父が夢の中でどんなことを言っているのかは、わかりませんでした」

この子は、祖父の死にひどいショックを受けたのかもしれません。この子の八歳の時に亡くなったのですね。おそらくこの子は、死を恐れているのでしょう。恐れることが自分に向いていると、その子は怖い夢を見、自分を恐れさせるのにピッタリの画像の夢を見るよう自分自身を訓練します。このことは、誰かがいつもその子の身近にいて守ってあげなければならないようにする、ということです。このケース記録に現われているライフ・パターンにもいくつか類似点が見え始めています。

「この子はまた、男の友達（女の友達はいない）と喧嘩したり口論したりする夢を見ます」

喧嘩の夢を見るのは、臆病な人によくありがちです。子ども達は、自分の臆病さにイライラして、そこで、夢や空想の中で自分自身を英雄に仕立て上げ、自分が実際いかに価値があるか、自分自身の満足を証明しようとします。曲がりなりにも一種の教育なのでしょうが、とても最上のものではありません。

「この子が将来なりたいのは軍人なのですが、戦争に行ったら殺されるのが怖いので、警察官になれたらいいな、と思っています。この子は、配管工になりたいのです。女性のために働けるからです」

死に対する恐怖がここにあります。ライフ・パターンがより鮮明に浮かび上がっています。いかに臆病な子ども達が戦争に対して自分自身を訓練していくかを知るのは、興味深いことです。しかし、シドニーは、軍人になることがとても及ばないことだと幾分恐れていて、それで警察官になろうとすることで自分自身を満足させているのです。配管工になりたいと思っていることは、またもや勇気に欠けていることを示すものです。この子は、将来なりたいものを軍人から警察官、さらには配管工へとだんだん下降させながら、女性のために働くことはた易いことだ、と思っています。この子の勇気がだんだん欠けていくというのは、いつものことです。価値観が矛盾している例ではありません。臆病者になりたいか、軍人になりたいかは、問題になりません。この子は、ただの臆病者なのです。

「軍隊の太鼓係になりたいというのも彼の将来の夢です。彼は、様々な音楽を聴き分け、歌を聴くとその作曲家を当てることができます。彼には男の友達しかいなくて、それも彼よりたいてい年下です」

十歳になる男の子が男の友達だけ持ちたいと思うのは、この子が自分の演じる舞台をできるだけ狭い範囲にしていたいと思っているため、ありうることです。この子の観点からすれば、彼は極めて正当ですし、また、彼が母親よりも父親と親しい関係にありますことは、彼が女性を恐れていて、女性を信頼していない、と想定しても差し支えありません。おそらくこの子は、女性にさんざん苦しめられてきたのでしょうから、この子に対する母親の態度を調べてみなければなりません。母親は、父親以上にこの子に厳格だったのかもしれません。

「この子は、子ども達が彼のことを『バカ』と呼ぶので、学校に行くのを恐がっています」

子ども達は驚くほど立派な判定者なので、この口実は、きわめて疑わしいです。反面、子ども達は残酷な時もあり、誇張する傾向があります。

「この子は、あらゆることについてたくさん質問します。この子は、娯楽としては、野球、マーブルや、それらに類したものをします」

私は、フロイト派の人達がするように、多くの質問をすることをセックスに結びつけなければならない、という考えに同意することができません。さりとてこの子が、情報を熱心に集めたいと思っているようでもありません。この子は、誰かを自分に引き止めておきたいためにつまらない質問をする、という方がずっと可能性があります。

「この子は、自分の必要なものの他に、キャンディーやアイスクリームを買うためにお金を稼ぐのが好きです」

ずっとお利口そうに聞こえますね。

「この子の日課は、次のとおりです。

シドニーは、朝食を摂り、それから近くのガレージに行き、そこで修理工達がバスの整備をするのをじっと見ていたり、バスを運転するのを眺めたりしています。修理工達とは自動車について話をしたりします。最近までこの子は、四時間か六時間以上眠れませんでした。最近数ヵ月は、カイロプラクティック療法を受けて、今では九時間、途中目覚めることなく眠っています」

しっかりこのことを観察していたならば、また、この子が本当に眠るのが好きでないとしたら、この子が甘やかされていたということのさらに有効な証拠が上がった、と考えられます。甘やかされた子どもは、自分が育ってきた環境との接点が失われることを嫌うため、眠ることを好みません。

「一年前、この子は、死んだおじさんの写真が自分のベッドにだんだん迫ってくる夢を見ました。それで、この子は、おじさんが自分を殺しに来ると信じているために、毎朝目を覚ますたびに神経質になり、元気がなくなっていました」

またもや死に対する観念と死の恐怖が存在しています。私達は、この子がひどく脅かされていることを多少なりとも確信できます。使用人達は、時々子ども達を脅かします。彼らを脅して服従させようとするのですが、これは、きわめて危険なやり方です。

「この子は、時間はわかるのですが、日にちがわかりません。この子は、面白い動画が好きです。母親は、この子が大きくなるにつれて困難を乗り越えるので、治療は必要ない、と聞かされています」

このケース記録は、まだまだ不十分ですので、記録を完璧なものにするには、もっと事実を集めなくてはなりません。第一に、私達は、この子の最初の年と、なぜこの子がこんなに臆病になったのかをもっと知らなくてはなりません。私達は、なぜこの子がそれほどまでに祖父の死に影響を受けていたのか、なぜおじさんが彼を殺そうとするのを恐れたのか、見出したいと思います。母親とこの子の関係を理解するのも非常に重要です。母親との面接が不可欠なケースの一つです。

面接

両親が部屋に入ってきます。

アドラー先生：「私達は、あなた方のお子さんについて、特にご家庭での行動がどうなのか、少々知りたいのですが」

父親：「あの子は、往来がとても好きで、同じ年齢の男の友達と走り回っています。あの子は彼らが好きですが、彼らからどうしていじめられるか理解できないでいます」

アドラー先生：「友達は、お子さんと彼らの間には大きな違いがあることに気づいていますか？」

父親：「はい。あの子は、物事を理解するのに他の子どもたちと同じようにはしないのです。あの子は、とても親切で、気立てがよくて、とても可愛い子どもです。あの子の家庭での行動に関する限りでは、彼はとてもいいし、音楽に関する特異な好みを持っています。あの子は、なんでもリズムで理解します。妻の方が私よりも音楽が好きです。楽器らしきものは、家の中にはありません。ラジオがあるだけです」

アドラー先生：「あの子は何か他のものに関心がありますか？」

父親：「音楽だけに興味があるようです。あの子の将来の夢は、とても風変わりです。ある日は指揮者になりたがり、次には警官。彼は、制服を着るものは何でも興味を引かれます」
アドラー先生：「あの子は、どうして働きに出たいと思っているのでしょう？」
父親：「制服が着られるからです」
アドラー先生：「お姉さんに対しては、どんなふうに行動するでしょうか？」
父親：「二人はお互いにとても慕い合っています」
アドラー先生：「あの子は、夜中に時々叫び声を上げるのですか？　あなたは起きて、あの子のところへ行くのですか？」
母親：「あの子がトイレに行きたいときだけですけどね」
アドラー先生：「あの子は、朝はどんな具合ですか？」
母親：「一人で起きて歌い始めます。あの子は、どんな時もとても幸せな子です。あの子は、ラジオで聴くものは何でも歌います」
アドラー先生：「あの子が小さかった頃、彼は問題ないように見えましたか？　それとも、時々ぼんやりした顔つきをしているのに気づかれましたか？」
母親：「あの子が三歳くらいの頃、物事をちゃんと理解しないような感じでした」
アドラー先生：「三歳になる前にはお気づきにならなかったのですか？」
母親：「一歳の終わりまでは、あの子は正常な子のように行動していまして、それから、あの子が歩くことを覚えないで、いつも聴くことばかりしているのに気づき始めました。歩くことはできませんでしたが、あの子は部屋の中で起きていることには興味を持っていました」
アドラー先生：「あの子は、初対面の人にはどんなふうに振る舞いましたか？」
父親：「彼らにはとても友好的でした」
アドラー先生：「あなた方は、あの子を学校へ行かせようとなさいましたか？」
父親：「昨年までは私達があの子にＡＢＣを教えられなかったので、行かせようとしませんでした」
アドラー先生：「発達遅滞の子ども達のための学校があり、そこにはそんな子ども達を訓練するための優れた方法を有する、専門に訓練を受けた教師がいるのをご存知ですか？」
父親：「そんな学校を探そうとしましたが、うまくいきませんでした」
アドラー先生：「お姉さんのほうはどんな具合ですか？」
父親：「あの子は、身体的に申し分なく、今年中学校を卒業します」
アドラー先生：「彼は、臆病な子ですか？」
父親：「いいえ、あの子は、何かを恐れているようには見えませんが。家にはあの子の面倒を見てくれる女の子がいますが、彼女の方がずっと臆病で、他の子ども達があの子を殴るのではないかと心配しています。あの子は、暗闇も犬も恐がりません」
アドラー先生：「私は、この子の医学的な検査をして、全身を見てみたいものです」
父親：「このことは申し上げておきたいと思います。あの子が三歳の時、他の子どもと遊んでいました。その子は、熊手を手にして彼の頭を叩いたのです。このことが何らかのダメージを与えたのかどうかわかりません」

アドラー先生：「その時、彼が卒倒したとか、意識を失ったとか、吐いたとか、ありましたか？」

父親：「いいえ」

アドラー先生：「あの子にはどこかに奇形がありますか？」

父親：「彼が奇形だとは申し上げませんが、とても痩せていて、耳に突起があります」

アドラー先生：「では、あの子を診察してみることにしましょう」

両親は、退出します。

アドラー先生：「両親と話し合いをさらに続けるよりも、この子を見ることで多くを学べると思います」

少年が入室します。

シドニー：「やー、先生」

アドラー先生：「元気かな。君は大きくなったら何になりたいのかな？」

シドニー：「兵隊になりたいんだ」
アドラー先生：「なぜ？　私達は、戦争なんてこりごりなのだが」
シドニー：「どういうこと？」
アドラー先生：「平和でいるときのほうが人々はずっと幸せだよ」

会話が続いている間、アドラー先生は、少年の頭を観察しています。

アドラー先生：「君はお友達の少年達と何をして遊ぶの？」
シドニー：「ゲームばかりしているよ」
アドラー先生：「今日は何月だと思うかね？」
シドニー：「土曜日です」
アドラー先生：「何月だって？」
シドニー：「八月です（実際は五月です）」
アドラー先生：「（硬貨を数枚示しながら）値打ちが高いのはどっちだろう、これかな、あれかな？」

シドニーは、二十五セント硬貨の方が十セント硬貨よりも高価であることを知っています。

アドラー先生：「アメリカ最大の都市はどこだろう？　知っているかな？」
シドニー：「アメリカが最大の都市で、イギリスがその次」
アドラー先生：「君は、学校に行って読み書きを習うのが好きかな？」
シドニー：「はい」
アドラー先生：「私は、君のお父さんに君がどこの学校に行けるか伝えてあげようね。住んでいるのはどこ？」
シドニー：「アメリカの東一七〇番街です」
アドラー先生：「君の家の番地は？」
シドニー：「忘れました」
アドラー先生：「君は、一人で家に帰る道がわかるかしら？」
シドニー：「わからない」
アドラー先生：「この建物は何？」
シドニー：「大学だよ」
アドラー先生：「このような大学で人は何をするのかな？」
シドニー：「質問したり、書いたり、いろんなことをするんだよ」

少年が退出します。

アドラー先生：「さっきのような質問をしながら、私は、あの子の身体の検査をしていて、器質上の欠陥をいくつか発見しています。最も重要なのは、私達が小頭症（訳注1）と呼んでいる、異常に小さな頭で、頭蓋骨の左側が不均衡なのです。あの子の知性に欠陥があるのは、疑う余地がありません。あの子にしっかりしたライフ・スタイルがあれば、恐れるはずですが、部屋に入って来る様子や父親が彼の活動を報告していることからすると、臆病ではないようです。知恵遅れの子ども達は、恐怖心がないという点で、環境不適応の子ども達とはしばしば識別することができます。あの子は、危険な状態にあるということを十分知るだけの知能を持ち合わせていません。皆さんは、ここに母親から連れられて来るとすぐ、母親に向かって泣き叫んだ、臆病で甘やかされた子どものケースを覚えてらっしゃいますか？　その子は、私の方を見るように言ってもほとんど見られなかったし、私と話すなどとてもできませんでしたね。シドニーの行動は、非常に違っていました。あの子は、部屋に入るときも恐がることなく、自分から会話に入っていきました。彼が知恵遅れであるということは、まったく疑う余地がありません。私は、教育委員会が発達遅滞の子ども達のための学校を提供していることは承知しておりますので、このケースを提供してくださった先生は、彼がそのようなクラスの一つに入るよう父親に助言なさるとよろしいかと存じます」

第十二章　病気を使って思うがまま

ミルトンのケース

今夕私達は、五歳半の男の子のケースを検討してみましょう。記録によれば、この子の現在の問題は、不服従、残酷、過活動で、「この子は、息を止めることができない」とのことです。

この子が不服従、残酷、過活動である時、これらの性格特性は誰かに向けられている、というのがいかにも明白です。ミルトンの母親は、子どもにある程度の協力を求める、几帳面で規律正しいご婦人だ、と考えても無難かもしれません。一方ミルトンは、明らかにこの母親に屈しようとはしません。おそらくこの子が、母親は自分に不当であったり、厳しかったりしてきたと信じているからでしょう。この子の復讐は、様々のタイプの行為を選び取ることで母親を深く傷つけるというものです。何しろ家庭を完璧な状態にしておきたいと思う主婦にしてみれば、この子がイスからテーブルに飛び跳ねたり、カーテンを引き落としたり、お皿を割ったりする過活動には、自ずと憤慨するものです。
呼吸困難は、残酷さと過活動とほとんど同種の抗議です。この少年が過活動をしているときは、筋肉を使って抗議しているのだし、息を止めることができないときは、肺を使って抗議しているのです。私達は、様々の器官が語るこの俗語（スラング）を理解しようとしなければなりません（訳注1）。とは言え、ミルトンが真性のぜんそくのケースで、それはおそらくたんぱく質に対する過敏性のためかもしれない、ということも高い可能性があります。このことが、呼吸器を使った抗議がこの子のパターンの重要かつ論理的な部分だという事実として証明されるならば、私としては、非常な驚きとなるでしょう。
症例ノートは、さらに次のように続きます。

「ミルトンは、三人きょうだいの末子です。姉が二人いて、十二歳半と九歳半です。二人の姉はうまく順応していて、末子が主な問題のタネになっています。父親は週に四十五ドル稼ぎ、家賃は月額二十五ドルです。母親は働いていません。家には四部屋あり、整理整頓が行き届いており、ベッドは三つあります。家族は、正統派のユダヤ教徒です」

おそらく母親は、姉達の行儀がいいのを誉めてきていて、そんなことからミルトンは、姉達と張り合い続けることに希望を失っているのでしょう。彼が甘やかされていたのは、大いにありうることです。もし彼があれこれと病気に罹ったら、病気でいる間は心地よく過保護に扱われることを覚り、母親の注目を得るのが確信できるように人為的に病気を作り出すメカニズムを採用してきたのかもしれません。

「長女は一人で寝ますが、この子は父親か母親と寝ます。どちらかというと母親と一緒の方が多いです」

五歳半の子どもは、一人で寝るべきです。もしこの子が母親と一緒に寝ることをまだ好んでいるとしたら、彼が母親にベッタリであることの格好の指標になります。この子は、日中、過活動の手段を用いて母親の注目を集めようと躍起になっている一方で、夜になると一晩中母親との結びつきを確保するのに成功しています。この年齢の子どもが親と一緒に寝るときは、その子が家庭という舞台で中心の位置を占めるのは、いとも容易過ぎることです。どうもミルトンの人生の目標は、母親に見守られ、好かれることのようです。この家族の葛藤は、母親が息子の社会適応、健康、行儀のよさを明らかに願っているのに関わらず、息子の方が赤ん坊でいようと最善を尽くしている、という事実にあります。

「ミルトンの身体的な発達は、次のとおりです。

この子は、月満ちて生まれ、母親は、出産時何ら困難を体験しませんでした。出産時のこの子の体重に関する正確な記憶はありません。母乳は規則的に与えられず、哺乳瓶から補助的に授乳をしていました。この子は、七カ月でひきつけを起こしました。この子は、小さい頃から気管支炎、肺炎、肋膜炎、扁桃腺炎、くる病で苦しみました」

このことは、この子の副甲状腺が発達不全で、人格全体が不安定なものであるという証拠かもしれません。この子が成長するにつれてこれらの欠陥が治癒するということは、きっとありうることです。幼年期のひきつけは非常に恐いもので、ミルトンにひきつけが起きてからずっと、身近で見守られていたことは疑う余地がありません。子どもは、病気の危険を実際に学ぶようにはさせられないものです。

皆様方は、このケースを始めたばかりの時に、ミルトンが息を止められないのは呼吸器官の言語を使った抗議だ、という理論を私が唱えたことを覚えておられますよね。この子が呼吸器の様々な病気を持っていたという情報は、この考え方を確証してくれます。肋膜炎とか気管支炎を患っているときは、呼吸をするのはきわめて困難で、病気の子どもは、親を非常に恐がらせるような、ひどく苦しい不快なイメージを提供します。

病気でいる間は、ミルトンの一呼吸一呼吸が注目や心配の的になります。この子が順応のいい姉達と競合する不利な状況にいる自分に気づくとき、この子は、いわゆる肺を使って母親を脅しています。この子は、呼吸器のスラングで話をしているのです。「僕の面倒を見てね。さもないと、僕は病気になって、あなたは悲しむことになるのだ」と。

「この子は出生時舌が短くて、舌小帯を切られています。ひきつけをし始めた頃母親は、この子は蒙古人様白痴（訳注2）で、たいした人間にはならない、と言われました」

私の意見では、舌小帯を切る必要などめったにないのです。この子が話すのに欠陥があるということを家族が気づいていなければならないのです。母親は、この子が蒙古人様白痴かもしれないという考えに疑いもなくショックを受けていました。私達は、ケース記録のほんの一部しか聞いていないのですが、この説はどうも該当しないようです。蒙古人様白痴の子は、いつでもよい子だし、従順です。彼らが問題児になることは、ほとんどありません。彼らはとても温和で、決して争ったりしないからです。蒙古人様白痴は、非常に立派な家柄の家に発生することがありますが、そうかもしれないと認められるたくさんの兆候があります。このタイプの白痴は、たいてい頭が非常に小さく、鼻が丸くて上を向いていて、舌がとても広いもので、とりわけ舌には溝がたくさんあり、そんな子は自分の舌で顎に触れることができるほどの長さに及ぶこともよくあります。その他には、乾いた皮膚と、時として手や足の指に皮膜が見られる特徴もあります。

「ミルトンは、自分の母親にとても強い愛着を抱いていますが、姉達とはかなりの葛藤を引き起こしていて、この子が姉達をからかったりしています。この子は、姉達や他の子ども達には残酷です。この子には系統だった娯楽はありませんが、路上で遊ぶのが好きです」

おそらくミルトンは、幼年期、あるいは病気の時期にとても甘やかされていて、それで彼が成長するにつれて母親の愛情と気遣いを失うことにつながるしかなかったようです。多くの母親は、最初の一、二年、子どもの全生活をともに生きることができますが、その後になると子どもは、生命の本質そのものによって、自立したさまざまの活動をすることを余儀なくされます。六歳の子どもを小さな赤ちゃんのように甘やかすことなどできませんし、子どもは、家族の情動的な雰囲気の違いをとても敏感に感じ取ります。この認識が育つとたちまち、子どもは反抗の兆候を示すのです。

姉達はおそらくミルトンに敵対していて、それで彼は、その仕返しに姉達をからかったりしているのでしょう。このケース記録でこの子が残酷であることがわかります。心理学用語を使うと、このことは、彼が勇気をくじかれている、ということになります。異常な残酷傾向にある子ども達は、弱くて、これぞと思う子ども達や動物に対して、自分の重要感が減っていることを慰めるために、日常的に自分の権力を振るうことがあります。

「母親は、この子のぜんそく発作をとても気にしています。ぜんそく発作の器質上の原因を発見できなかった小児科医は、ミルトンを児童相談クリニックに紹介しました」

ぜんそくが子ども達の器質上の病気であることはきわめてまれです。多くのケースでは、ぜんそくは、ミルトンがそうであったように、肋膜炎か肺炎を患ってきた子どもに起きます。そんな子ども達は、ぜんそくを装って親を支配します。なにしろ見るからに非常に恐ろしい病気ですし、彼らは、弱さから強さを作り出します。ミルトンが優越性を示したいと躍起になるとき、母親を攻撃し彼女の注目を得たいとき、そんな時はいつでも、この器質的な特徴を活用するのです。ぜんそくは、この子の切り札です。

「母親は、ミルトンがいつも跳び回っていて、あの子が怪我をしないかといつもはらはらしている、とこぼしています。彼女は、この子が幸せになれるかどうか過度に心配しています。この子は、午前中ずっと母親と過ごしていますが、その間中いつも問題を引き起こしています」

このことは、この子の行動が母親に向けられたものであることの決定的な証拠です。この子は、母親が過度に心配する傾向があることを知っていて、向こう見ずの芸当をすることで彼女の最も弱いポイントを突いているのです。

「午後は、幼稚園で過ごしていますが、そこではミルトンはかなりうまく適応しているようです。この子は、誰も遊ぶ子がいないとこぼしています。父親・母親ともこの子が自分達の言うことを聞かないために、時々彼を叩いています。この子は、『これをしてはいけない』『あれをしてはいけない』という壁に常に囲まれています。呼吸が止まらない発作は、彼がストップをかけられた後にたいてい起きています。母親はこの子に、自分は病気なのだから発作を起こさないで、と訴えています」

ここのところに全状況の急所が横たわっています。両親、特に母親は、この子の幸せを願うあまり、この子が他の子どものように外で遊ぶのを許しません。ミルトンは、友達と遊びたい一心で欲求不満に陥っています。この子は、一緒に遊ぶ同年齢の男の友達が得られないならば、迷惑をかけることで母親を独占することになるのです。母親がこの子の迷惑で欲求不満になると、彼は呼吸が止まらないことを使って母親を攻撃するのです。意識的にこうしているのではありませんが、この子は、ひきつけをして何を得ているか無意識的に気づいています。私達は、この母親のことを、この子の発作が器質的でないことを知っているという意味で、立派な心理学者だ、と認めなければなりません。この子に器質的なぜんそく発作を止めるよう訴えても無駄でしょう。片足の不自由な人に足を引きずらないように頼む人はいません。しかし、彼女は、子どもの手に危険な道具を持たせているのですから、悪いテクニックを駆使していることになります。彼女は、子どもの気まぐれに左右されて病気になったり、健康になったりしているのです。

「この子は、おじさんからもらった自転車を持っています。この子は、この自転車をとても乗りこなすことができません。母親が自転車を四階の階段を上げ下ろししなければならない上に、そうするには体が弱すぎるからです」

このケースの初めに、この子がくる病に罹っていたことが明らかになっていましたが、運動機能の過活動からしてもそのように推測される状態です。自転車は、このような子どもには本来的にはとても重要なのですが、この子は、自転車に乗れないことを恨んでいることもありそうです。

「ミルトンは、目の上にカバーをかけて眠り、また、一人で眠るのも拒否しています」

これは、臆病な態度の特徴的な表現です。目の上にカバーをかけることで、この子は敵意に満ちた世界を遮断し、日中呼吸無停止と過活動によって維持している関係を、夜は親と寝ることでつなぎ止めているのです。

「ミルトンの子ども時代の最初の記憶は『小さな赤ちゃんの頃、僕は歩いていた』というものです」

歩くことに関する記憶は、くる病がこの子の人生で果たしていた重要な役割をさらに証拠立てるものです。このタイプの子どもは、常に活動的ですから、身体の活動のために適切な機会を与えてあげなければなりません。

「ミルトンの将来の夢は、医者になることです。この子は『診察してみたい』と言います。この子は『大きな学校にいたい』のです。書くことをも習いたがってもいます。この子は、意味を知らないのに手紙を写すのをすでに習っています」

ミルトンのように病気に罹ったことのある少年は、医者の役割をどうしても非常に高く評価しがちです。子どもが病気になると、親は医師のところに行かなければなりません。そして、神秘的な診察の後に、その指示に絶対従います。私自身の歴史（訳注3）も、多くの点でこの少年の歴史と非常に似通っていることを申し上げなければなりません。私が最初に医者になりたいと思ったのは、とても小さい頃、肺炎に罹った後だったと思います。私は、死を克服したかった。何しろ医者なら克服すると思っていたものですから。

「ミルトンは、自分で体を洗ったり着物を着たりしませんが、路上で自分の歩く方向がわかったり、お使いに行ったりすることができます。自分自身の家がわかります」

自分自身の家がわかるということは、知能が正常であることを示す、優れたテストです。この子が自分で体を洗ったり着物を着たりしないのは、そうしていると、母親を自分のために働かせておけるからです。

これは、優れたケースですから、深く学び取るべきです。私達の講座は、個人心理学の根底にある理論を理解するあらゆる人に明瞭であるに違いありません。私達は、この母親に影響を与えて、ミルトンがもっと自立的になれるよう支援しなければなりません。母親は、そんなにこの子を批判してはいけませんし、この子の将来に関する恐れを顕わにしてはなりません。私達は、この子の行動が家の外ではいつでもまともであることに気づいております。ですから、この子はより社会的な環境に置いてやればもっとよくなる、ということを母親に説明しなければなりません。母親を責めてはなりません。代わりに、新しい視点が持てるよう勇気づけなければいけません。

面接

母親が部屋に入ってきます。

アドラー先生：「今晩は、奥様。私達は、あなたの息子さんのミルトン君の話を検討してきて、多くの点であなたがとても注意深く、繊細なお母さんでいらっしゃることがわかりました。あなたの主要な問題は、おそらくあなたが注意深すぎるという事実にありそうです。ミルトン君くらいに賢い子なら、この時期までには自分で身体を洗ったり、服を着たりすべきだとはお考えになりませんか？」

母親：「あの子は、自分で身体を洗ったり、服を着たりできると思いますが、あまりに時間がかかり過ぎて、学校に間に合いそうもないと思われます。あの子のせいで私はとても神経質になります」

アドラー先生：「もしあの子が学校に遅刻したなら、自分なりに遅れたことの結果で苦しむようにさせればいいのです（訳注4）。あの子が家にいるときよりも、家から離れている方がまともであることに気づいていらっしゃいますか？」

母親：「家だとずっとひどいものです。あの子は、日よけを破るし、テーブルから椅子へ跳びはねますし、時々テーブルをひっくり返したりします」

アドラー先生：「そのことを説明するのは、簡単です。あなたのお子様は、小さい頃くる病に罹っていました。幼年期のくる病の結末の一つは、著しいほどの筋肉の過活動です。あの子はあるタイプに属していて、幸福であるためには何かをひっきりなしにしていなければならない、というものです。おそらくあなたは、彼を家の外でもう少し自由にさせてあげることもできます。あの子は、自転車かスケートを持っていますか？」
母親：「あの子は自転車を持っていますが、私は、彼が求める度に階下に運べません。自転車を乗り回してどこかへ行ってしまうのではないか、と心配です」
アドラー先生：「ひょっとしてあなたは、用心深すぎませんか？　あの子はお利口ですし、あなたがその危険を彼に説明すれば、怪我をするとは思えないのですが。そうすると、あなたがどれだけ彼の能力を信じているかを示す絶好の機会になりますよ。そうなさってみると、彼は、もっと責任を取れる子になってあなたにお返ししてくれるのがわかると思います」
母親：「私は、あの子が家の中を跳び回ることについてどんなことができますか？」
アドラー先生：「あなたがあの子を午前中、どこかの遊び場で仲間に加われるように取り図ってあげれば、とても賢明だと私には思えるのですが。あの子にはこのタイプの活動が必要なのです。あなたとあの子が一緒に家にいるのが少なくなればなるほど、彼の発達には好ましいのです。おそらくあなたは、近所の子どもに頼んで自転車を降ろしてもらうこともおできになりますよ。私はあなたにミルトンが真性の喘息ではなく、あなたの注目を引くため、あなたを脅すために呼吸が止まらない症状を作り出している、とご理解いただきたいのです。あの子が病気でいる間、あなたはあの子を大事にし、甘やかしましたか？」
母親：「はい、あの子の病気がひどいので、とても大事にせざるをえませんでした」
アドラー先生：「あの子は今、過去にどんなふうに病気であったかをあなたに思い出させることで、その当時あなたがなさっていた注目と配慮を再びさせようとしているのです。私達は、もしあなたが呼吸の止まらない発作を無視したり注目を与えたりしないでいると、もうこれ以上症状を起こさない、と信じています。加えて、ミルトン君を一人で寝させることもお勧めしたいと思います。彼は十分大きいので、今あなたと一緒に寝なくてもいいのです。もし今、あなたが彼に自立するよう教えたら、あの子は完全に正常な子どもとして育つことができます。あなたはあの子に、あなたが二人のお姉さん達をより好いているわけでもないこと、彼が成長して社会に役立つ人間になることを期待していることを教えなければなりません」

母親：「彼の心に関して何か具合が悪いことがあるのでしょうか、先生？」

アドラー先生：「あなた方の医師がお作りになった彼のケース記録から判断できる範囲では、息子さんに蒙古人様痴呆の痕跡はありません。あの子はとても賢くお利口ですが、問題は、あの子が赤ちゃんのままでいたがっているところにあります。あなたがあの子に示さなければならないことは、赤ちゃんでいるよりも大きくなる方がいいということです。お医者様もあなたが何か問題を抱えておられるならば、あなたの助けになって下さることでしょう。あの子の状態を改善させようとすることは、とても価値のあることです。と言いますのは、あなたが私達に協力してくださるならば、あの子が急速な進歩を示すだろう、と確信しているからです。さて、お子さんにお目にかかりましょうか」

子どもが部屋に入ってきますが、受講生がいることに少しビックリし、母親を見て彼女の側に走り寄ります。彼は、母親から離れようとせず、アドラー先生に彼の身体の検査をさせません。アドラー先生が彼に質問すると、ミルトンは母親を見上げて、「ママが話して」と言います。彼は先生の方を見たがらず、母親のスカートに顔を隠しています。いくら説得してもアドラー先生と話をしようとしません。母親とこの子は、席を立ちます。

アドラー先生：「私はいつも生徒さん達に、患者が言っていることを聴こうとしないで、まるでパントマイムを観賞するように患者の行為を観察しなさい、と言っています。ご覧のようにあの子は、『今日は』とも『さよなら』も言おうとしませんでした。あの子は、私が非常に優しいやり方で話しかけましたのに、私と接触を持つことを拒否しました。このことに必ずしも失望する必要はありません。二度目にはもっとうまく行きます。あの子のお医者様は、あの子の多くの反応とおつき合いできたので、明らかに彼と友達になる方法を心得てらっしゃいます。あなた方のどなたかが、母親に対するあの子の愛着について疑問をお持ちになっていたとしても、あの子の行為を観察すれば、一目瞭然であるに違いありません。もし私達が母親をシャンデリアの光の届かないところに隠しておいたとしても、あの子は、何らかの方法を用いて彼女に近づくに違いありません。母親こそがあの子の支えです。あの子は、母親なしで身体を洗ったり服を着たりできないばかりか、質問に答えることすらできません。

あの子のいわゆるぜんそくに言及すれば、それは、呼吸器官を用いた言語で表現された、母親に対する愛着と同様です。私は、この現象を「器官隠語」と呼んでおり、個人が自分の行動を言葉ではなく、いくつかの器官、あるいは器官組織を異常に働かせることで表現するときに使われます。ぜんそくの症状を治療する方法はいくつもありますが、あの患者を治すのは困難です。あの子を治そうとするならば、彼の自尊心を高めなければなりません。

私の講座を受けられた方の多くは、個人のライフ・パターンが五歳になるまでに確立する、と私が述べていることに疑問をお持ちでした。ところが、この症例は、そのようなパターンが、五歳までにいかに完璧になりうるかということをものの見事に表しています。ミルトンは、自分が支配できない人は誰でも自分の社会から締め出しています。あの子が学校でかわいがられ、最初の数年間は問題行動の兆候を示さないかもしれないという可能性は、極めて高いでしょう。しかし、後年、彼の人生で、社会的な接触および、おそらく性的な接触に関しては、問題になってくるのは、ほとんど確実でしょう」

受講生：「先生があの子を母親から引き離そうとなさったとき、なぜ彼は泣き叫んだのでしょうか？」

アドラー先生：「皆さんは、長い間つる棚に巻きついていたツタがつる棚からはずされる恐怖を想像できるでしょう。ミルトンが泣き叫ぶのは、彼の力を求める意志のもう一つの現われです。ミルトンが本当に母親を愛している、と信じてはいけません。あの子が母親に関心を持っているのは、単に寄生動物（パラサイト）が宿主（ホスト）に関心を持っているのと同様なのです。人間の場合、違いがあるとすれば、宿主が寄生者にピッタリしないときは、寄生者が宿主を罰することです。多くの人は、涙を弱さのしるしだと思うでしょうが、このケースでは、まさしく力のしるしです。ミルトンは、この会場でただ母親以外には誰の方をも見ず、誰の話も聞かず、誰に話すこともしませんでした。母親に対して完全にあの子が愛着しているところに神経症の始まりが存在します。あの子の態度のすべてが『みんなは、僕に何も要求できないんだ。僕は病気なんだからね』と言っているかのようです。あの子は、自殺者になるか犯罪者になるかの可能性を持っています。あの子が自立や力を必要とする非常に大きな問題に遭遇すると、必要なものを持っていないわけですから、その時になって自殺するかもしれません。あるいは、その一方で、彼は、母親以外の誰にも関心を持っていないということを露呈して、犯罪というかたちで社会に逆らうかもしれません。私は、盗んだり他に罪を犯した人達が獄中で詩を書いていることに気づいていますが、その詩を読むと、犯した罪を母親のせいにしたり、自分達の欠陥をアルコールやモルヒネや失恋に責任をなすりつけたりしています。自分達に勇気が欠けていることを認めようとしないのです」

受講生：「先生に話したり、先生の方を見たりしないような子どもにどうやってお近づきになりますか？」

アドラー先生：「あなた方に個人心理学の治療技法のレパートリーに含まれる方策を洗いざらい提

供するのは不可能ですが、第一に、最初にその子に話しかける必要は実際のところありません。その子にどう接すればいいかということについてその母親に教えるための十分な知識がありさえすれば、子どもの積極的な協力がなくとも、その子に影響を与えることができます。一方で、子どもに注意を払わないで、その子の好奇心をそそるのは、容易なことです。彼は、舞台の中央にいたいわけでしょうから、もし私が大きな絵本とか、ある機械仕掛けのおもちゃに気を取られていたら、彼はすぐに、関心を持たれることに抵抗するのが不可能になります」

編集者注釈

このケースのその後の治療は、編集者のクリニックで行われました。母親の知的な協力を得るのは困難を極めましたが、最終的には、子どもにより一層の自由と自立を与えられるようになりました。彼女は、子どもが呼吸を停止できない状態になると、まったく見てはいられなかったので、彼女には、ぜんそく発作の時はいつも、部屋を出ているように指導していました。ぜんそく発作は、二週間以内に完全に消えていましたが、ミルトンは、周囲を自分の思うままに操る希望を捨てていませんでした。彼は、ぜんそく発作では母親の関心が得られないので、立て続けにせきをすることで注目を引くことにし、これには母親は、またもや即座に理解不能になってしまいました。この子は、目的を果たしたのです。以前は、一日に五、六回発作を起こしていたのですが、今やひっきりなしにせきをしていました。子どもは、病院に入院させられ、母親は、看護師からせきに対してどんな注目もしないよう厳重に注意されました。この子は、病院に入院した最初の日の午前中から絶え間なくせきをしていました。入院中にこの子は、とても素晴らしい機会に恵まれました。彼は、聴診器を与えられ、他の子ども達の何人かを「診察する」ことを認められました。ちなみにその子達は、そのようなことをしても差し支えないほど病状の軽い人達でした。おそらくそのことは、ミルトンが本当の重要感を感じた最初の時だったのでしょう。編集者は、ミルトンが回診にあたった何人かの子どものうちの一人について、彼がその子のことをよくなると思っているかどうか、尋ねました。ミルトンは、担当する医師達の一人の真剣な物腰を真似て、あの子は非常に具合が悪いが、よくなると思っている、と語りました。その時この子は、医師が他者の病気を治すのに忙しすぎて、自分で病気になれないほどだ、という印象を抱きました。

家に帰ると、せきが再発しましたが、母親は、病院でのこの子の状態に勇気づけられていましたので、せきには関心を払わなかったこともあり、ミルトンは、すぐに呼吸器を使った隠語の特殊表現を断念しました。翌週、この子は、全く新しい症状群を表しました。しかめっ面と顔面のチックが際限なく出るというものでした。この症状の面白いことは、公の場にいるときだけ起きるということで、このことで母親は、大いに困惑しました。この症状は、数週間の治療で姿を消しました。その後ミルトンは、指導者宛ての注意を添えた手紙を携えてサマーキャンプに出されました。最初の数日は、ふてくされて、食事を拒み、大騒ぎを起こし、最後には、キャンプ生活になじめないという理由で家に返されました。家に帰って来た当初は、以前以上に身体の過活動が見るからに一段とひどくなっていました。精神科医と数回面接した結果、この子は、家にいるよりもキャンプに行っていた方がずっと好ましい、と確信することができました。彼はキャンプに戻って、夏の残りの期間ずっとうまく適応していました。いくつかの競技で勝たせてもらって、身体能力の高さを評価されたのが主な要因です。秋になって家に帰ると、この子は、ある程度の高さの自尊心を獲得したように思われ、一日学校にいられるようになりました。児童相談クリニックと教師の監督のもとで、ミルトンは、うまく適応し続けていました。

『ライフ・パターンの心理学』訳注集

〈序　文〉

(1)個人心理学

アルフレッド・アドラーは、一九〇二年から一九一一年までジークムント・フロイト（一八五六〜一九三九）の共同研究者で、フロイトと決別する直前までは、ウィーン精神分析協会の理事長、精神分析学会誌の共同編集者を務めていた。フロイトと袂を分かった後、自由精神分析協会を設立したが、一九一二年、個人心理学協会に改称するとともに、自分の心理学を個人心理学（individual psychology）と名乗るようになった。"individual"はラテン語の「分割できない」（not dividual）という意味の"individuum"に由来する言葉であり、日本語の「個人」とはかなりニュアンスが異なる。「人間を分割できない全体として捉える」というアドラーの心理学の本質から逸脱していて、社会と離れた個人を連想させる感じを免れない。

アドラーの古くからの友人のカール・フルトミューラーがアドラーの伝記に書いていることによれば、「人格心理学」が相応しかったのであるが、その語はすでに他の心理学者に使われていたため「個人心理学」に落ち着いたようである。当時でも「個人心理学」のネーミングについては反対意見があったようである（"Superiority and Social Interest", Heintz L. Ansbacher & Rowena R. Ansbacher 編）。ウルフ自身は、この序文のなかで「アドラー心理学」と称している個所がある。

(2)アドラー先生

厳密に言うと、アドラーは医師（M. D., medical doctor）ではあるが、博士号（Ph. D., doctor of philosophy）を取得していない。そこで、アドラー博士はもとより、アドラー医師と呼ぶのも違和感があるので、本書では、Dr. Adler と記されている部分を「アドラー先生」で統一することにする。

(3)レミ・ド・グルモン

Remy de Gourmont。二〇世紀前半に活躍したフランスの哲学者。著書は『愛の理学』以外に『哲学的散歩』（石川湧訳、春秋社）などがある。

(4)『愛の理学』

原文は"Physique de l'Amour"。日本では一九二六年に桃井京次の訳で玄黄社から出版された。アメリカでは一九二二年に"The Natural Philosophy of Love"というタイトルで出版され、ベストセラーになった。

(5)劣等感

原文は inferiority feeling。アドラーは、「劣等性」「劣等感」「劣等コンプレックス」（後出）をよく使っているが、「劣等性」（多くは「器官劣等性」として使っている）が客観的に観察可能な身体や器官の障害であるのに対し、「劣等感」は、自分の何らかの属性を主観的に劣等だと感じることである。ただし、アドラーは、劣等感を他者との比較で使うよりも、こうありたいと思う目標と現実の自分とのギャップに直面したとき抱く陰性感情を総称して劣等感と言っている。その場合は、inferiority feelings と複数形で使われる。

(6)劣等コンプレックス

原文はinferiority complex。自分が劣等だとひけらかして人生で取り組まねばならない課題を避けようとすること。アドラーは、劣等コンプレックスを「劣等感が異常に高められたもの」で、「障害となっているものを誇張し、勇気の供給を少なくして、成功への道を妨げることになる」と言っている（『子どもの教育』一光社）。

(7)家族布置

原文はfamily constellation。親、きょうだい、その他の同居親族を含む家族のシステム。星座（constellation）になぞらえた家族内の位置関係を言う。

(8)勇気づけ

原文はencouragement。次の訳注の共同体感覚とともにアドラー心理学の教育・カウンセリングの目標である。勇気づけには方向性があり、共同体感覚に向けて行われねばならない、とアドラー心理学では受け止められている。

勇気づけについては、多くの学者が独自の定義をしているが、私が一番しっかりしていると思っている定義は、ドン・ディンクマイヤーの「勇気づけとは、自己尊重（自尊心）と自己信頼を築くのを支援するために個人の持ち味と潜在力に焦点を当てるプロセスであり、勇気と信頼を確立するのに欠かせない技術を適用することで現実化させる理論である」（"Leadership by Encouragement"）である。私は簡単に「勇気づけとは、困難を克服する活力を与えること」としている。ちなみにアドラーは、本文の訳注にあるように、この本のなかでたった一度しか「勇気づけ」という言葉を使っていない。詳しくは本文中の訳注で触れる。

(9)共同体感覚
原文は social feeling。共同体に対する所属感、共感、信頼感、貢献感を総称して言う。アドラー心理学ならではの独特な価値観で、精神的な健康の指標である。「訳者はしがき」にも書いたことだが、この当時はアドラーの使うドイツ語の英語訳が定まっていなくて、ウルフは social feeling を使ったが、やがて social interest が多く使われるようになった。

(10)プロクルステスと彼の悪名高いベッドの寓話
原文は the fable of Procrustes and his ill-famed bed。ギリシャ神話のなかのプロクルステスという巨人の寓話。内容は本文のとおりで、ウルフは、この寓話を認知体系の喩えとして彼の著書『どうすれば幸福になれるか』(一光社)の第八章「訓練について」でも使っている。

(11)大戦
原文は the Great War。この本は一九三〇年に出版されているから、当然第一次世界大戦(一九一四～一九一八)のことである。

(12)定言的命令
原文は categoric imperative。「至上命令」とも訳せるカント哲学の考え方。「もし……ならば、……すべし」というような、条件つきの命令を仮言的命令と呼ぶのに対し、道徳は道徳そのもののために行われるべきもので、無条件に「かくすべし」と守らなければならない命令を定言的命令と言う。

(13)「器官隠語」
原文は organ jargon。organ dialect の表現が用いられることもある。身体症状は、その個人が気づいていなくとも、言葉以上に個人特有の運動の法則に従ってその人なりの意思を表明する。そのような言葉に代わる身体が表す独特の表現形式のことを器官隠語と言う。アドラーは、『人生の意味の心理学』（春秋社）で夜尿症に関して、その果たす役割が「昼間と同様夜にも他者を引きつけ、従属させ、注意を向けさせることである」が、「時として、他者に敵対することであり、その習慣は敵意の宣言である」として、その子どもは「口の代わりに膀胱を使って語っている」と述べている。

(14)統合失調症

原文は「早発性痴呆症」と訳される dementia praecox（E・クレペリンが一八九九年に命名）であるが、次の行ではウルフは schizophrenia（一九一一年にE・ブロイラーによって命名）を使っている。最初は「精神分裂病」と訳されていたが、現在は「統合失調症」が使われている。

多くは青年期に発病し、妄想・幻覚のほか、自我・意欲・行動などの障害からなる特有の症状を呈する。

(15)脇舞台

原文は side show。サーカスなどの主舞台の脇で演じられる出し物、余興のこと。ウルフはこの表現が好きなようで、自著『どうすれば幸福になれるか』では、九章の「誤った目標について」の副題を「脇舞台」としている。

(16)「ためらう態度」

原文は“the hesitating attitude”。アドラーが最初に論文『「距離」の問題』（一九一四年）で示した強迫神経症や心身症の症状。具体的には、ウルフが次に細かく触れている。また、ウルフは『どうすれば幸福になれるか』では、「躊躇型神経症」として述べている。

(17)薄ぼんやりした灯りや寝椅子や催眠暗示

フロイトの自由連想法を用いた精神分析の治療を言っている。

精神医学史家のアンリ・エレンベルガーは、彼の『無意識の発見　下』(弘文堂)で、アドラーの場合、「患者を寝椅子に寝かせて医者がその背後に座り、医者からは患者が見えるが、患者から医者が見えない、などという」精神分析の技法は「問題にならない」と考え、アドラー派の治療者は「患者と向かい合って座る。しかもアドラーは、二人の椅子は高さも形も大きさも同じでなければならないと言っている。フロイト派の分析に比べて面接回数が少なく、治療はずっと短期間である」と記している。

(18)「すべての人はあらゆることをすることができる」

原文は "Every human being can do everything."。この言葉を文字どおり受けとると、人間の無限の可能性を高らかに謳い上げたかのように伝わるが、ウルフも書いているように限界もある。しかし、アドラーの表現は、文脈を離れて一人歩きし、いわゆる成功哲学や人間の潜在力開発の元祖としてアルフレッド・アドラーを奉る人達もいないわけではない。事実『道は開ける』『人を動かす』の著者のデール・カーネギー(社会教育家)は、自分の本のなかでアドラーをかなり引用している。

アドラーの、自ら「金言(maxim)」と称するこの言葉も、驚異的に高い達成を例外としているし、また、アンスバッハー編著の "The Individual Psychology of Alfred Adler" を読み解くと、アドラーの言葉の「少年／少女がこの金言に従うのを諦め、自分の目標を人生の建設的な側面で達成できないと感じたときの劣等コンプレックスの兆候である」という文章と、遺伝の要素が教育や心理学の分野で強調され過ぎてはならないとした上での「知恵遅れの子どものもケースを除いて『すべての人は必要なあらゆることをすることができる』とみなすのが適切である」という文章が紹介されている。

同様に文脈を離れたアドラーの言葉で「重要なことは、何を持って生まれたかではなく、与えられたものをどう使うかである」も、器官劣等性や遺伝に関して言及したものが一人歩きしているケースである。

〈第一章〉

(1)小さな孫二人

原文は two young children だが、p・61の症例ノートで母親に言及した部分で孫のことに触れているので、母親の孫（兄の子ども）と訳した。

(2)バビンスキー反射

原文は Babinski reflex。足の裏を強くこするときに、正常と異なって特に親指が内側にでなく背面に向かって屈曲を起こす反射作用のこと。この現象を発見した人が、フランスの神経医学者バビンスキーであることからこのように名付けられた。

(3)早期の記憶

原文は early memories。多くは早期回想（early recollection）と呼ばれ、アドラー心理学で重視されるライフ・スタイルを知る手掛かりである。現代アドラー心理学では、早期回想の条件は、①ある日ある所での特定の出来事の思い出であること、②初めと終わりのあるストーリーであること、③ありありと視覚的に思い出せること、④感情を伴っていること、⑤できれば十歳くらいまでの出来事の思い出であることである（『アドラー心理学教科書』、ヒューマン・ギルド）。

(4)夢

原文は dream。早期回想とともにライフ・スタイルを知る手掛かりになる。アドラーのイギリス人の弟子ハーサ・オグラーは①家族布置、②早期回想、③夢を「精神生活への三つの入口」と称している（"Alfred Adler:The Man and His Work"：かつて『アドラー心理学入門』の書名で清水弘文堂から出版されていたが、現在は絶版）。現代アドラー心理学ではこれらに「今、突然問題が解決したとしたら（病気が治ったら）何をするか？」、「問題が起こってから（病気になってから）できなくなったことは？」、「魔法使いが現れて、どんな願いでも三つだけ叶えてやると言われたら、何を望むか？」などの「特殊診断質問」を加えて四つをライフ・スタイル診断の糸口としている。

(5)合コン

原文はpetting party。儀礼抜きの懇親会のことを言うが、当世風に「合コン」と訳した。

(6)優越コンプレックス

原文はsuperiority complex。自分の家柄・人脈・過去の能力などの優越性をことさらひけらかす態度を言う。アドラーは、優越コンプレックスについて「自分は実際には優れていないのに、優れているふりをします。そして、この偽りの成功が、耐えることのできない劣等である状態を補償します」（『個人心理学講義』、一光社）と述べ、「自分が他者に対して優越しているかのように振舞うすべての人の背後には、隠そうという特別な努力を要求するような劣等感がうかがわれる」（『人生の意味の心理学』、春秋社）と、優越コンプレックスの背後には劣等感が存在することを指摘している。

(7)優越性の誇示

原文は「優越性」（superiority）だが、原文のまま「優越性は劣等コンプレックスに根差す」となると、おかしな表現になるので、アドラー特有の用語の使用法をもとに文脈から判断して「優越性の誇示」と訳した。

(8)二人の男の子は一人に叶わない

原文は"Two boys are less than one." アドラーは、これに似た表現を『個人心理学講義』でも二度ほど用いていて（邦訳p・90、p・214、「二人の女性は一人には及ばない」）、二人の異性を愛することは神経症の人によく起こること（p・90）で、「二人の人と同時に恋に陥るということは、習慣化した傾向を満足する方法」で「例えば、婚期を延期したり、あるいは、決して結婚へと結実することのない求婚を続ける、という方法」としている（p・214）。

＜第二章＞

(1)左利き

原文はleft-handed。アドラーの生きた時代は、現代と違って左利きが器官劣等性の一部と考えられていたため、左利きにかなり紙面を割いている。

(2)人が夜眠る方法を観察することできわめて多くのことを発見できるものであることが判明しました

人間知に長けたアドラーは、身体の動きと態度にもしっかりと目を向け、眠っているときの姿勢の重要性を見出そうとし、ベッドのなかで布団で頭を覆い、針鼠のように身体を丸めて眠る人は、劣等コンプレックスを表し、姿勢をまっすぐにして眠る人が弱かったり人生において屈折したりしているとは信じられず、うつ伏せになって眠る人が頑固でけんか早い、と観察している（『個人心理学講義』p・78–79）。

(3)くる病

原文はrickets。小児によく見られる骨格の湾曲する病気。一六五〇年にイギリスのグリッスマンによって紹介された。アドラー自身子どもの頃くる病で苦しみ、次のような早期回想を語っていた。

「私のもっとも早期の記憶の一つは、くる病のために包帯をした私がベンチに座っていて、私の向かいに健康な兄が座っているという場面である。兄は楽々と走ったり跳びはねたり動きまわったりできるのに、私はどんな運動をするにも緊張と努力が必要だった。皆が精一杯私の力になってくれ、両親もできる限りのことをしてくれた。これは私が二歳ごろの記憶だと思う」(『無意識の発見　下』アンリ・エレンベルガー著、弘文社)

(4)文字を逆さまに読む傾向があるため、読み方が遅い子どもがいます

訳注(10)の「逆転読み失読症」に伴う障害である。

(5)左利きの子どもは、字を読むとき、文字を逆転させたり、ねじったりするということを発見しました

これもまた訳注(10)の「逆転読み失読症」に伴う障害の説明である。

(6)この子が夢を見ないとすると、この子が現在の状況にすっかり満足していること

アドラーは『個人心理学講義』で、「夢を見ない人は、自分を欺きたくない人」とし、このような人は、実際は夢を見るとしてもすぐ忘れてしまう、と一般に受け止められていることを紹介しながらも、この考え方を受け入れず、「決して夢を見ない人がいる一方で、夢を時には見るが忘れてしまう人もいる」と述べている。アドラー心理学で夢に触れた本として他に『人生の意味の心理学』(春秋社)がある。

(7)将来の夢

原文はambition。ambitionは「野心」とか「念願」と訳しがちな単語であるが、アドラーは、子どもが「将来なりたいもの」として尋ねているので、今後も「将来の夢」と訳す。

⑻三つの願い

原文は three wishes。第一章の訳注⑷「夢」で「魔法使いが現れて、どんな願いでも三つだけ叶えてやると言われたら、何を望むか？」の「特殊診断質問」に触れたが、事例提供者はこの問いをしてロバートから回答を引き出したわけである。

⑼君は、お母さんからしょっちゅう支えてほしいのかな、それとも大人でありたいかな？

このように二つの可能性のどちらかを選んでもらう質問を二重質問とか選択質問と言う。「大人になりなさい」と命令調で言われるよりもこのような二重質問で問われたとき、ロバートは自分の立場を尊重されたと受け止め、「大人」と答えた。それでありながら、アドラーが次に「君は一人で仕事をするのと、他の人に代わってしてもらうのと、どちらがいいかな？」と質問したとき、ロバートは「お母さんに代わってやってもらうのがいい」と答えたのは、先の二重質問の答えと矛盾する。このような矛盾を顕わにしつつやりとりする技法を「対決（confrontation）」と言う。アドラーの得意の技法である。なお、他の流派も「対決」の技法を使うが、ソフトなアドラー派に比べればかなりハードである。

⑽逆転読み失読症

原文は dyslexia strephosymbolica。S・T・オルストンが使用した名称で、英語だと d を b、no を on、was を saw に、日本語だとさをちに読むように、文字の順序を逆に読む症状。

＜第三章＞

(1)非建設的な方法で

原文はin the useless way。文字どおり訳せば「無益な方法で」となるだろうが、あえて「無益」と訳しがちなuselessを「非建設的」と訳した。従って、「有益」と訳しがちなusefulは「建設的」と訳すことになる。

アドラーは、よく“in the useless way”の他に“in the useful way”、“on the useful side of life”、“on the useless side of life”を使い、「良い・悪い」の判断軸ではなく、（共同体に対して）「建設的・非建設的」な対応をすることに価値判断の基準を置いていた。

(2)この子がもし、すっかり反抗的になりましたら、この子は、両親が最も敏感になっているポイントに狙いを定めて両親に攻撃をかけるでしょう

アドラー心理学では、親が家庭内で共有している、あるいは共有しようとしている価値を「家族価値」と言うが、子どもはその価値に対してハッキリした態度をとらざるを得なくなり、多くはその価値を自分のなかに取り入れることが多い。しかし、反抗的になると、親が最も大切にしている価値にノーと言い、その部分を突いて困らせることがある。例えば、教師の家庭で子どもが不登校になるとか、警察官の息子が非行少年になるとか、性にあまりにも潔癖な家庭で娘が男にだらしなくなるとか、その例は日常頻繁に見受けられる。

(3)勇気づけ

原文はencouragement。アドラーがこのケース集のなかで唯一使った事例がこの部分である。

(4)自分のことよりも他の人にもっと関心を向けなければならない

アドラーは、教育・治療の目標を共同体感覚の育成に置いていたため、このように他者に関心を持つよういつも子どもを勇気づけていた。

〈第四章〉

(1)エディップス・コンプレックス

ソフォクレス作の「エディップス王」の悲劇に由来する精神分析の核心となる理論。幼児が性に目覚めると、特に男児は母親に対して性欲を感じ、父を恋敵とみなして父を嫉妬し、その不在や死を願うとともに、反面父からは自分が処罰されるのではないか、という不安を抱く観念の複合体をフロイトは「エディップス・コンプレックス」と命名した。

アドラーは、エディップス・コンプレックスに関して「エディップス・コンプレックスなるものは、自分の母親の全注意を独占し、他の者をすべて排除したいと思うような子どもにおいてのみ現れうるのである。そのような願望は、性的なものではない。それは、母親を従属させたい、彼女を完全に支配したい、母親を召使いのようにさせたい、という願望である。それは母親によって甘やかされ、その仲間感情が世界の他の人々を決して含まないようになってしまった子ども達の場合だけ生じうるものである」と述べ、「エディップス・コンプレックスとは、常に間違った訓練の人工的な産物」なのであり、「そのような精神異常が、その起源に何か性的なものに関連があるなどと想像する必要はないのである」(『人生の意味の心理学』春秋社)として、フロイト理論を真っ向から批判している。

(2)甘やかされた子ども

原文はspoiled child。アドラー派においては、子どもの自立心と責任感を損なう、過保護・過干渉などの親の対応を広く甘やかしと言う。アドラーは、劣等コンプレックスの源泉になり、共同体感覚から離れる要素として①器官劣等性、②甘やかし、③無視、を挙げている。

(3)大きくなってから自殺するかもしれません

三章のカールのケースでも面接後、受講者に対して同じことを言っていた。

(4)両親が高い価値を置いているものを攻撃対象として選ぶのです

前章でも「両親が最も敏感になっているポイントに狙いを定めて両親に攻撃をかける」と、アドラーは同じ趣旨を語っていた。

＜第五章＞

(1)意識と無意識は、決して矛盾するものではありません。意識と無意識は、同じ方向に注ぐ二つの流れです

これは、アドラーが意識と無意識に関する考え方を明確に示したもので、意識と無意識の対立・矛盾・葛藤を説く考え方と大きく異なる。アドラーの著書・論文集を編集・解説したアンスバッハーが「無意識とは、個人の目標の理解されていない部分のことである」("The Individual Psychology of Alfred Adler")と書いているのは、実に簡潔な無意識の定義である。

(2)鏡文字

原文は mirror — writing。第二章の逆転読み失読症の一兆候。

(3)この子が注目を引こうとしたら、教師は大げさな反応を示した方がいいでしょう

アドラーの教えを理論家・体系化した高弟のルドルフ・ドライカース（一八九七〜一九七二）は、子どもの不適切な行動（misbehavior）の目標を①注目を引く、②力を誇示する、③復讐する、④無気力・無能さを示す、の四つに分類した。彼およびその後継者達は、注目に関する対応法として①不適切な行動に注目しない、②適切な行動にたくさん注目する、③不適切な行動に意表をつく対応をする、を示しているが、「教師が大げさな反応を示す」というのは③の対応法に該当する。

＜第六章＞

(1)ウェスト・ポイント

ニューヨーク州の南東部ハドソン河畔にある軍用地で、陸軍士官学校の所在地

＜第七章＞

(1)ユング博士

スイス生まれの精神医学者で、分析心理学の創始者のカール・グスタフ・ユング（一八七五〜一九六一）のこと。アドラーと同時期にフロイトの共同研究者で、アドラーが一九一一年にフロイトと袂を分かつ直前、ウィーン精神分析協会の理事長であったのに対し、ユングは国際精神分析協会の理事長を務めていた。

しかし、ユングも理論上の対立から一九一三年にフロイトと決別した。
ちなみにユングは、フロイトとアドラーの相違点を彼らの事象に対する基本的態度の相違に求め、フロイトを外向型、アドラーを内向型であると考えた（『ユング心理学入門』河合隼雄、培風館）。

(2)不機嫌

原文は cross。アドラーは不機嫌を「逃避のジェスチャー」としている（『人間知の心理学』）。

(3)男性的抗議

原文は masculine protest。アドラーは、男性に比べて社会的に劣等な立場に置かれていると感じる女性が、特権や力が認められていないことを主張し、女性の役割を拒否し、男性と対等な立場を目指して過剰に補償することを男性的抗議と呼んだ。この男性的抗議は、女性の役割の拒否というかたちで示され、少女の場合、男児の服を好んで着たりして、男児のように振る舞うことが多い。成人女性は、月経不順、不感症などの症状や、晩婚・非婚、妊娠拒否、同性愛の傾向を伴うことがある。

男性的抗議の建設的な側面としては、女性が男性と同等であろうと努力する過程で、職業において素晴らしい業績をあげている実例は枚挙の暇がない。

アドラーは、「他の男性よりも自分自身を劣等だと感じている男性（あるいは、他の女性よりも劣等だと感じている女性）は抗議する」と述べ、男性的抗議が女性だけでなく男子にも見出されることも指摘している。

<第八章>

(1)コニーアイランド

ニューヨークのロングアイランド島のブルックリン地区南海岸にある大遊園地。大規模な娯楽設備と海水浴場を持っている。

(2)クラップ博打

二つのサイコロを利用した博打。出た数によって勝ち負けを決める。

(3)「この子の最も古い記憶は、『僕達がリトル・フォールに住んでいるとき、僕達はよく西瓜を盗んだのを覚えている』というものです」

第一章　訳注(3)の早期回想の四つの条件からすると、「よく……した」というのは、厳密には早期回想とはみなすことができず、レポート（報告）と言われる。

＜第九章＞

(1)より高度のタスク

原文は mature tasks。アドラー心理学では、人生で直面しなければならない課題をライフ・タスクと呼び、①仕事、②交友、③愛、の三つに区分している。「より高度のタスク」というのは、より高度の対処が要求されるタスクという意味である。

(2)ルドルフ・ヴァレンチーノ

一八九五年イタリアで生まれ、一九一三年アメリカに渡り、一九二六年に急死するまで美男俳優として人気を博した。

(3)ウィリアム・S・ハート

一九一四年頃にデビューし、西部劇の二丁拳銃の早撃ちで活躍した映画俳優。

(4)預言者

原文はprophet。神の言葉を預かり、民に知らせ、新しい世界観を示す人。特に旧約聖書では紀元前八~七世紀におけるイスラエルの宗教的指導者。未来を予言する「予言者」と識別するためあえて「預言者」と訳した。

(5)トム・ミックス

ウィリアム・S・ハートと同時代に西部劇俳優として活躍した。

<第十章>

(1)広場恐怖症

原文はagoraphobia。臨場恐怖症とも言う。道路や広場などに一人取り残されるという場面に対する恐怖症。必ずしもその場に一人だけという状況が必要ではなく、周りに人がいても、孤立感を強く感じる状況のもとで恐怖症が生じると考えられる。

(2)神の役割

原文はto play God。アドラーは『人間知の心理学』のなかで「おとぎ話においても現実の世界においても、またさらに虚栄心の強い人間の加熱した精神生活においても、力を求める努力の上昇は、一種の神の理念にまで至るほかないことが観察される。少し調べればすぐ分かることであるが、そのような人間――この種の一番深刻なケースに見られるような人間――は、端的に自分が神であるとか、あるいは神の座にいるかのように振る舞うか、さもなければ、自分が神になりうるような願望や目標を持つのである。こういう現象、つまり神に似るという努力は、自分の人格の限界を超えようという人にまた見られる傾向である」と述べている。

〈第十一章〉

(1)小頭症

原文はmicrencephalous。脳の発育障害の結果、頭蓋は小さいが、頭蓋骨が厚く、副鼻洞、殊に前頭洞が大きい障害。年齢別標準頭囲の平均値から標準偏差の二倍以上小さい場合を言う。

〈第十二章〉

(1)様々の器官が語るこの俗語（スラング）を理解しようとしなければなりません

「序文」の（訳注13）「器官隠語」の一つの表現である。

(2)蒙古人様白痴

原文はMongolian idiot。現在はダウン症候群と言われ、知的障害、特異な顔貌、手指の異常、筋緊張低下、耳介変形などの症状を伴う。この時代は、この症状を持つ人の顔つきが蒙古人のようであったため蒙古人様白痴と呼ばれていた。

(3)私自身の歴史

ハーサ・オグラーは "Alfred Adler: The Man and His Work" でアドラーの子どもの頃を次のように簡潔に記している。

「幼少のころのアルフレッドはとても虚弱だった。彼はくる病で、それが彼を陰気でぶざまな子どもにしたが、彼はまた声門の痙攣に悩まされていて、大声をあげたり金切り声を出したりすると、窒息の危険に見舞われるのだった。こうした発作にひどく彼はおびえて、三歳のときに、もう二度と大声をあげたり金切り声を出したりすまい、と心にきめた。そうしたら、その後まもなくこうした発作は起こらなくなった。別の点でも、彼は幼弱な年ごろから死と知り合いになった。彼が三歳のとき弟が隣のベッドで死んだが、こういう出来事がこの感じやすい子どもにどんなに深い、根絶できない印象を与えたか、想像にかたくあるまい。一年後に彼自身が肺炎になったが、病気は重かった。この病気がきっかけになって、彼の心のなかには医者になりたいという願望が生まれた」

(4)もしあの子が学校に遅刻したなら、自分なりに遅れたことの結果で苦しむようにさせればいいのです

アドラーのこの考え方は、彼の高弟のルドルフ・ドライカースによって「自然の結末」として定義づけられ、過保護・過干渉の子育てに代わる、子どもが自分の行動の結末を自ら体験からすることによって学ぶ子育て法として広く教育現場に普及するようになった。

訳者解説

アルフレッド・アドラーとアメリカの地

アルフレッド・アドラーの生涯や人となりについては、共に近刊の『アドラーの生涯』(E・ホフマン著、岸見一郎訳、金子書房)、『初めてのアドラー心理学』(アンネ・フーパー/ジェレミー・ホルフォード著、鈴木義也訳、一光社)で詳しく語られるでしょうから、私としては『初めてのアドラー心理学』の助けを一部借りながら、主にアドラーとアメリカの関係についてだけ触れようと思います。

アドラーの初期の著作『器官劣等性の研究("Study of Organ Inferiority and its Psychical Compensation")』(一九〇七)、『神経質性格("The Neurotic Constitution")』(一九一二)は、アメリカで出版されていましたが、それ以降の十数年間はほとんど忘れられた存在でした。しかし、一九二六年、アドラーが五十六歳の時アメリカに招聘されることになり、アドラーは快諾し、すぐさま英語に挑戦しました。「語学のハンディキャップを克服する努力」を発揮しようと決意したようです。

努力家のアドラーは、この『アドラーのケース・セミナー』の素材となる一九二九年の症例研究の際は、かなり流暢に英語を駆使していたようなのですが、どうやらアドラーがウィーンで学んだのはイギリス英語のようでした。例えば、面接の際に「友達はたくさんいる？」と尋ねる際、"Have you many friends？"と言っています。アメリカ英語なら"Do you have many friends？"と聞くところでしょうね。

話を戻しますと、一九二六年十二月から一九二七年四月までアメリカ国内を講演旅行し、ニューヨーク、ボストン、シカゴ、フィラデルフィアからカリフォルニアまで足を運んだ、と伝えられています。

一九二七年には『人間知の心理学』（原題"Menschenkenntnis"、日本では春秋社から出版）がオーストリアで出版されるとすぐにウォルター・ベラン・ウルフ（本書の解説者）によって"Understanding Human Nature"というタイトルを付されアメリカで出版され、難解な書物であるにもかかわらず当時のアメリカの自己啓発書（セルフ・ヘルプ）の先駆けとして爆発的に売れ、六カ月以内に四版に達し、十万部以上の売れ行きを示しました。これに対してフロイトの『夢解釈』は、一九一〇年から一九三二年の二十二年間に英語圏で一万七千部しか売れなかったそうですから、アドラーの人気の程が窺えます。

その後アメリカでアドラーは、一九二九年から一九三〇年にかけてコロンビア大学講師、一九三二年からはロングアイランド医科大学客員教授の地位を授かりながら、ファシズムの風雲急な故国オーストリアを去る決意をし、一九三四年アメリカに移住、一九三五年には家族とともにアメリカ国籍を取得しました。アドラーは、アメリカの地で絶頂期を迎えようとし、出版物も『人間知の心理学』以降次のように続きました（日本での出版社名の次はアメリカでの出版年を示す）。

"The Science of Living"（『個人心理学講義』、一光社、一九二九）
"Problem of Neurosis"（『人はなぜ神経症になるのか』、春秋社、一九二九）
"The Education of Children"（『子どもの教育』、一光社、一九三〇）
"The Pattern of Life"（本書、『アドラーのケース・セミナー』、一光社、一九三〇）
"What Life Should Mean to You"（『人生の意味の心理学』、春秋社、一九三〇）
"Social Interest：A Challenge to Mankind"（未邦訳、一九三三）

ところが、「好事魔多し」とはこのことでしょうか？　まるでワーカホリック気味に働いていたアドラーがスコットランドのアバディーンに講演旅行中の一九三七年五月二十八日、彼は、朝食後散歩に出かけようとしていて心臓発作に襲われ、病院に運ばれる救急車のなかで息を引き取りました。享年六十七歳でした。これからアドラー心理学がアメリカで本格的に普及しようとしている最中、彼は自分の心理学の完成を見る前にこの世を去ったのです。

アドラーの死後、アメリカの精神医学会は精神分析派が独占的な地位を占めるに至ります。彼の心理学は、影響力を失います。彼の後継者と目されたウルフは、後に詳しく述べるように、一九三五年にこの世を去っています。後に精神科医として足跡を残した娘のアレキサンドラ（一九〇一年生まれ）、息子のカート（一九〇五年生まれ）は、アドラーの代役を務めるにはやや未熟でした。

アルフレッド・アドラーの薫陶を受けた人達は、アドラー心理学を名乗って仕事をしにくい状況になり、こうしてアドラー心理学は、瞬く間に忘れられた存在になっていったのです。

しかし、忘れられたはずのアドラー心理学は、次の三つの要因により息を吹き返します。

第一の要因は、オーストリア時代からのアドラーの高弟のルドルフ・ドライカース（一八九七〜一九七二）の活躍です。

ドライカースは、アドラーの死と同年の一九三七年にブラジル経由でアメリカにやって来て、シカゴを拠点としてアドラー心理学の普及に努め、一九五二年にはアメリカ・アドラー心理学協会を創立、『個人心理学ジャーナル（"Journal of Individual Psychology"）』『個人心理学者（"Individual Psychologist"）』を発刊、アメリカ・アドラー心理学協会は、今日では北米アドラー心理学会となっています。

彼の活躍ぶりは、『不完全である勇気（"The Courage to Be Imperfect"）』（J・ターナー／W・L・ピュー著、未邦訳、一九七八）でも明らかですが、アドラー心理学の精神医学界への認知、教育分野（主に学校・家庭教育）への適用に関し類まれな貢献が見られました。

もちろんドライカースだけがアドラーの後継者と言うわけでなく、先程紹介した次女のアレクサンドラと長男のカートもニューヨークを拠点としてそれぞれ精神科医として活躍しながらアドラー心理学の普及に尽力しましたし、アドラーのウィーン時代からの弟子のソフィア・デ・ブリエスもサンフランシスコで古典的アドラー派（クラシカル・アドレリアン）を標榜しながら後継者の育成に務めたのですが、その影響力はドライカースには及びませんでした。

第二の要因は、一九五六年に『アルフレッド・アドラーの個人心理学（"Individual Psychology of Alfred Adler"）』がH・L・アンスバッハーとR・R・アンスバッハーによって編集・出版されたことです。

354〜355ページでも紹介したアドラー自身の七冊の本は、本書のようなケース・セミナーもあれば、講演集もありで、アドラーが机に向かって推敲を重ねながら実際に書いた本ではありません。そのため散逸であったり重複があったりで、文献的な価値は、そう高くはありません。

ここがアンスバッハー夫妻の凄いところなのですが、お二人はアドラーの著書・論文を当時の心理学・哲学の概念を駆使しながら、「これ一冊でアドラー心理学の全貌がわかる」というくらいにまとめ上げました。この本は、アドラー心理学を勉強する人にも便利なのですが、他派の人達がアドラー心理学を短期間に学ぶには格好の本になり、広く読まれるようになりました。夫妻はその後、同じやり方で一九六四年に『優越性と共同体感覚（"Superiority and Social Interest"）』一九七八年に『両性（男女）間の協力（"Cooperation between the Sexes"）』を著しています。

第3の要因として、一九七〇年に精神医学史家のアンリ・エレンベルガーが『無意識の発見』を著し、フロイト、ユングと並んでアドラーに一章を割いて紹介したことを挙げてもいいでしょう。

この本は、『力動精神医学発達史』と副題が付けられ、日本でも一九八〇年に木村敏・中井久夫両氏の監訳により弘文堂から出版されています。この本のお陰でアドラー心理学を学ぶ人達は、

「力動精神医学の三大巨頭―フロイト・アドラー・ユング」と大手を振って言えるようになったのです。この本の真価は、精神医学史家が学者らしい客観的な立場からアドラーの業績をかなり高く評価してくれたことにあります。

以上の三つの要因が重なり、アメリカではアドラー心理学は見事に復興し、独自の立場を発揮できるようになり、その影響力は、今日では、お隣のカナダのみならず、ヨーロッパ、日本にも及んでいます。

W・B・ウルフという人

次に、本書の編集者であり、序文の執筆者でもあるウォルター・ベラン・ウルフについて紹介しましょう。

ウルフは、一九〇〇年、ウィーン出身の医者の子としてセントルイスに生まれ、ダートマス大学医学部卒業後、アメリカ海軍にも従軍し、精神科医として活躍した人です。

彼は、一九二七年から彼の師アドラーの本を編集・出版し、アドラー心理学の普及に大きな足跡を残しました。アドラーがアメリカで大衆から拍手喝采されたのは、ドイツ語に堪能な秀才で、まるでアドラーの息子のような彼のプロデュースの賜、と言ってもいいでしょう。

ウルフは、アドラーの紹介者としてばかりでなくベスト・セラー作家としても名を残し、彼が三十一歳の一九三一年に著した『どうすれば幸福になれるか（"How to Be Happy though Human"）』（一光社）は、一九五七年にはペンギン・ブックスの一つにもなり、ドイツ語、フランス語、ギリシャ語などにも訳され、日本では教育学者の周郷博氏の訳で岩波新書（絶版）の一つとして世界中の若者の幸福論として欠かせないベスト・セラーになりました。

この本の他にももう一つのベスト・セラー『女性のベスト・イヤー（"A Woman's Best Years"）』、その他に『神経衰弱（"Nervous Break down : It's Cause and Cure"）』『成功する生き方（"Successful Living"）』があり、それればかりかアドラーの本の翻訳、編集の他に兄弟子に当たるアーウィン・ウェクスバーグの『あなたの神経質な子ども（"Your Nervous Child"）』『個人心理学（"Individual Psychology"）』『性の心理学（"The Psychology of Sex"）』をドイツ語から訳しています。

このように多才なウルフは、大いに将来を嘱望されましたが、一九三五年、不慮の交通事故のため三十五歳で夭折しました。アドラーの死の二年前のことでした。ウルフは、それこそ十年に満たない間に、急ぎ足でアドラーを紹介し、自分の使命を果たし、そそくさとあの世へと旅立ってしまったのでしょうか。そうだとしても、今日『どうすれば幸福になれるか』の他に、この『アドラーのケース・セミナー』を共に日本語で読むことができるように残してくれただけでも、ウルフの足跡には偉大な価値があると言えるでしょう。

感謝したい人

まず、アドラー心理学の二人の恩師に感謝します。野田俊作氏（精神科医、アドラーギルド代表）とジョセフ・ペルグリーノ博士（心理学博士、モントリオール個人心理学研究所理事長）です。

野田俊作氏からは十五年間アドラー心理学の薫陶を受け、翻訳・訳者解説の過程でも、アドラー心理学の基本的な知識を氏から授かったことを改めて実感しました。アドラー心理学特有の用語も氏から学んだ訳語で統一できました。

ジョセフ・ペルグリーノ博士からは、一九九九年以降、言わばアドラー心理学の応用編を学んでいます。北米地区でのアドラー心理学の発展の記述も、ドライカースの弟子達、ハインツ・アンスバッハー、カート・アドラー、ソフィア・デ・ブリエスなどから広くアドラー心理学を学んだ氏から教えを受けたことが参考になっています。氏からは、ウルフの序文にあったラテン語、フランス語の用語を教えていただきました。

金田真美さんにも感謝します。金田さんには、ウルフの序文の部分を下訳していただき、それをもとに私なりに手を入れて完成しました。

妻の岩井美弥子にも感謝します。一光社からゲラが来た段階から第三者の目でチェックしてくれました。また、忙しいなかで家庭にしわ寄せがあっても、寛容の心を持って翻訳の完成を待ち望んでくれました。

最後に、一光社の田村一芳部長にも感謝します。田村氏は、私の提案に対して終始好意的で、タイトルや出版時期のわがままも聞き入れてくれました。厚くお礼申し上げます。

なお、訳注に関してはアドラー心理学の文献の他に『最新　医学大辞典　第二版』（医師薬出版）の助けを借りたことも付記しておきます。

ヒューマン・ギルドについて

アドラー心理学に基づくカウンセラー養成講座等を開催するほか、カウンセリングを行っています。また、アドラー心理学関係の本・ビデオ・テープも豊富に取り扱っています。企業・教育委員会・自治体などの講演・研修にも積極的に出向いています。

研修案内、図書リストなどお気軽にご請求ください。

〒一六二-〇八〇八　東京都新宿区天神町六番地　Mビル三階
電話　〇三（三二三五）六七四一　　ＦＡＸ　〇三（三二三五）六六二五
E-mail：Info@hgld.co.jp
ホームページ：http://www.hgld.co.jp

■訳者紹介■　岩井　俊憲（いわい　としのり）
1947年、栃木県生まれ。1970年、早稲田大学卒業。1985年、ヒューマン・ギルドを設立。代表取締役。
心理学博士、アドラー心理学カウンセリング指導者、上級教育カウンセラー、青森公立大学非常勤講師。

著書等
単著：『人を動かす人に29の切り札』（青春出版社）、『アドラー心理学によるカウンセリング・マインドの育て方』（コスモス・ライブラリー）、『勇気づけの心理学』（金子書房）ほか。
共著：『ぼく、お母さんの子どもでよかった』（PHP研究所）、『学級再生のコツ』（学習研究社）ほか。
監訳：『どうすれば幸福になれるか　上・下』（一光社）

アドラーのケース・セミナー
― ライフ・パターンの心理学 ―

定価2,850円＋税

2004年7月22日　初　版

著　者　アルフレッド・アドラー
編　者　ウォルター・ベラン・ウルフ
訳　者　岩井　俊憲
発行者　鈴木　大吉

発行所　〒113-0033　東京都文京区本郷1-30-18
株式会社　一　光　社
電話 03-3813-3061　Fax 03-3813-3062
振替番号　00140-3-181221
Eメールアドレス　book@ikkou-sha.co.jp
ホームページアドレス　http://www.ikkou-sha.co.jp
デザイン　株式会社 インターブックス
印刷所　株式会社 平河工業社
製本所　株式会社 坂田製本

万一落丁・乱丁の場合はおとりかえいたします

一光社のアドラー心理学関係図書（子育て・教育への応用）

原案・吉村みちこ／マンガ・川井マキ

勇気づけの子育て入門

朝一人で起きられない、お風呂嫌い、兄弟喧嘩、偏食、整理整頓など、困った行動をどう躾けていくか——アドラー心理学を応用した子育て法の基本をマンガで具体的に説明した。この一冊で親のイライラは解消し、子どもは自立する。 **定価 1,600 円＋税**

原案・前田憲一／マンガ・川井マキ

続・勇気づけの子育て入門

アドラー心理学を応用した子育て法のより高度なテクニックを伝えるために、登校拒否した5年生の政男くんがカウンセラーの指導で学校に復帰するまでのドラマ展開の中で具体的に説明した。子どもを変えるのではなく親が変わることで解決。 **定価 1,500 円＋税**

ルドルフ・ドライカース／ビッキ・ソルツ共著（早川麻百合訳）

勇気づけて躾ける

アドラー心理学の基礎を築き、子育てへの応用を開発したドライカースの古典的名著の翻訳。アメリカで「子育て法のバイブル」としてベストセラーになり、今も読み継がれている。豊富な事例で説明されているので、目から鱗が落ちる。 **定価 3,000 円＋税**

ルドルフ・ドライカース／パール・キャッセル共著（松田荘吉訳）

やる気を引き出す教師の技量

アドラー心理学の子育て方は、学校の教室でも応用されて効果を上げている。教師と生徒集団が民主的な関係を確立する中で、全員が協力と貢献することに積極的に参加する相互信頼のクラスに変わっていく。その指導技術のノウハウを提示。 **定価 1,200 円＋税**

ジェネヴェイブ・ペインター著（坂本洲子訳）

知能を高める育児プログラム

洋の東西を問わず「三つ子の魂。百まで」は真理のようだ。アドラー心理学の子育て理論を０歳から３歳までの育児に応用し、親子で行う「遊び」を月齢毎にプログラム化し、赤ちゃん群に実践して多大な成果を上げた画期的レポートである。 **定価 1,500 円＋税**